Christa Langheiter

Mut zur Auszeit

Mit Sabbatical, Langzeiturlaub
und Ausstieg auf Zeit
zu mehr Lebensqualität
und neuen Perspektiven

REDLINE | VERLAG

Bibliografische Information der Deutschen Nationalbibliothek
Die Deutsche Nationalbibliothek verzeichnet diese Publikation in der Deutschen Nationalbibliografie. Detaillierte bibliografische Daten sind im Internet über http://dnb.d-nb.de abrufbar.

Für Fragen und Anregungen:
langheiter@redline-verlag.de

Nachdruck 2012

Nymphenburger Straße 86
D-80636 München
Tel.: 089 651285-0
Fax: 089 652096

Lektorat: Karina Matejcek, Wien
Satz: satzstudio@zeiner.net
Umschlag: init, Büro für Gestaltung, Bielefeld
Umschlagabbildung: plainpicture, Hamburg
Druck: Books on Demand GmbH, Norderstedt

ISBN Print 978-3-86881-377-7
ISBN E-Book (PDF) 978-3-86414-105-8

Inhalt

Vorwort ... 9

Einleitung ... 11
Ein neuer Trend ... 11
Ursprünge ... 13
Prominente Auszeitnehmer ... 14

Vor der Auszeit ... 15

Will ich oder will ich nicht? ... 16
Checkliste: Auszeitmotive ... 16
Fasten und Vision Quest ... 17
Ängste und Vorbehalte ... 19
So können Sie Ihren Einwänden begegnen ... 24
So sehen Arbeitgeber eine Auszeit im Lebenslauf ... 26
Erfahrungsbericht: Das tun, was mir spontan einfällt ... 28

Muss ich oder muss ich nicht? ... 30
Vom Stress zum Burnout ... 30
Stressrisiken ... 31
Die Stufen des Burnouts ... 32
Test: Bin ich burnoutgefährdet? ... 33
Erfahrungsbericht: Auszeit auf Lebenszeit ... 39
Arbeitssucht ... 42

Kann ich oder kann ich nicht? ... 43
Machen meine Finanzen mit? ... 43
Checkliste: Setzen Sie den Rotstift an! ... 44
Erfahrungsbericht: Selbstsorge statt Selbstvorsorge ... 47
Macht meine Familie mit? ... 51
Auszeit mit oder ohne Partner? ... 52
Auszeit mit Kindern ... 52
Erfahrungsbericht: Unendlich Zeit haben – eine Herausforderung ... 54
Erfahrungsbericht: Man darf niemandem sein Herzensbedürfnis wegnehmen ... 60

Macht mein Chef mit? . . . 62
Was Österreichs Kleinunternehmen von Auszeit halten . . . 63

Den rechtlich-organisatorischen Rahmen finden . . . 70
Kündigen oder bleiben? . . . 70
Die richtige Dauer der Auszeit . . . 73
Sabbatical . . . 73
Das Prinzip des Sabbaticals . . . 73
Sabbatical-Skepsis . . . 74
Bildungskarenz . . . 90
So überzeugen Sie Ihren Arbeitgeber von einer Bildungskarenz . . . 91
Freistellung gegen Entfall der Bezüge . . . 92
Exkurs: Internationale Auszeitmodelle . . . 93
Urlaubszusammenlegung und Zeitausgleich . . . 95
Unbezahlter Urlaub . . . 95
Studienabschluss-Stipendium . . . 96
Voraussetzungen für ein Studienabschluss-Stipendium . . . 97
Selbst kündigen – selbst versichern . . . 98
Selbstkündigung – das sollten Sie wissen . . . 98
Versicherungsmöglichkeiten . . . 98
Literarisches Stipendium . . . 100
Künstlersozialversicherung . . . 101
Forschungsfreisemester . . . 101
Von Erspartem leben . . . 102
Welches Modell für wen? . . . 103
Was Österreichs Unternehmer von Auszeit halten . . . 104

Was tun in der Auszeit? . . . 109

Reisen . . . 109
Was tun mit der Wohnung? . . . 110
Was tun mit dem Auto? . . . 111
Reisen mit wem? . . . 113
Erreichbar sein oder nicht? . . . 113
Checkliste Reisevorbereitung . . . 114
Erfahrungsbericht: Nur mehr die Sorgen, die ins Auto passen . . . 115

In fremden Ländern leben . . . 118
Der Umzug . . . 118
Flüge und Unterkunft . . . 119

Erfahrungsbericht: Fortbildung in New York – Hochzeitsglocken in Kapfenstein ... 121
Erfahrungsbericht: Einen Jugendtraum erfüllt ... 124

Sinn suchen ... 126
Auf Pilgerwegen ... 126
Erfahrungsbericht: Wann, wenn nicht jetzt? ... 129
Erfahrungsbericht: Große Dankbarkeit am Jakobsweg entdeckt ... 133
In der Stille des Klosters ... 138
Erfahrungsbericht: Geschenkte Zeit ... 140
Im Einsatz für andere ... 142
Erfahrungsbericht: Wenn man will, dann kann man ... 144

Zeit zu lernen ... 147
Erfahrungsbericht: Tanz auf der Rasierklinge ... 148

Wieder in Schuss kommen ... 152
Erfahrungsbericht: Es geht auch ohne mich ... 157

Einfach nichts tun, einfach Zeit haben ... 160
Erfahrungsbericht: Zeit für mich nehmen – ich habe es mir verdient ... 164
Erfahrungsbericht: Grenzen im Kopf ... 168

Wie nach der Auszeit wieder einsteigen? ... 171

Nachhaltiger Auszeiteffekt ... 171
Worauf ich nach der Auszeit nicht verzichten möchte ... 172
Sanfter Übergang ... 173
Neuer Umgang mit Zeit ... 174

Zwischen Beruf und Berufung ... 175
Erfahrungsbericht: Von der literarischen Agentin zur Tiefenökologin ... 177
In neuen Job einsteigen ... 180
Erfahrungsbericht: Irgendwann muss man tun, wovon man träumt ... 181
Erfahrungsbericht: Wieder einfädeln nach der Auszeit ... 185

Mini-Auszeit im Alltag ... 189
Urlaube und Pausen sinnvoll einplanen ... 190
Energieschonend arbeiten ... 195

Auszeit – ein Märchen? 198

Danksagung 199

Literaturhinweise 200

Hilfreiche Adressen und Links 201

Stichwortverzeichnis 206

Man entdeckt keine neuen Weltteile,
ohne den Mut zu haben,
alte Küsten aus den Augen zu verlieren.

André Gide

Vorwort

Als ich Weihnachten 2000 nach einer Woche im Bett immer noch auf Energielevel Null war, war eines klar: eine harmlose, schnell vorüberziehende Erkältung war das nicht. Jeglicher Versuch, wieder auf die Beine zu kommen, scheiterte so schnell, wie er gestartet wurde. Bis eine endlose Odyssee bei Ärzten und Therapeuten mit der Diagnose endete: chronisches Erschöpfungssyndrom. Obwohl es sich ehrlich gesagt eher wie akutes völliges Durchgebranntsein sämtlicher Sicherungen und Leitungen angefühlt hat. Aber die Diagnose legitimierte den Energie-Null-Zustand, und ich kämpfte nicht länger dagegen an. Von da an brach ich ohne Scham in Tränen aus, wenn meine Kraft wieder einmal nicht ausreichte, um eine simple Katzenfutterdose zu öffnen, oder wenn ein Klingeln an der Tür mich völlig aus der Bahn warf, weil eine unerwartete Aufgabe auf mich zukommen hätte können.

Es dauerte fünf Monate, bis ich wieder stabil auf der Bahn stand. Aber es war nicht mehr dieselbe Bahn. Meine Weichen waren neu gestellt. Nach dieser unfreiwilligen Auszeit kündigte ich meinen gut bezahlten Job und begab mich ins Ungewisse. Gedopt mit Qigong, Taiji, Yoga, Joggen und Natur pur warf ich mich als freie Journalistin und Texterin auf den Schreibmarkt. Das lief von Anfang an erstaunlich gut.

Im Rückblick betrachtet weiß ich, mein dringendes Wollen hat einiges bewegt. Bald spürte ich neue Talente und Interessen auf: Ich entdeckte das Märchenschreiben, ich machte eine Ausbildung zur Fastenleiterin, ich hielt Medienseminare, ich lernte das Netzwerken lieben. Sodass ich heute aus einem bunten Pool an Aufgaben schöpfe, die jeden Tag spannend, aufregend und gerade im richtigen Maß herausfordernd sind.

Diese Zufriedenheit, dieses Gelandetsein von heute hätte ich aber wohl auch anders haben können – mit weniger Dramatik, weniger Leid, weniger Gefühl der Aussichtslosigkeit. Hätte ich doch nur einmal in meinem Job innegehalten und gespürt, welches Gewitter da in mir im Anmarsch ist. Hätte ich einmal eine Auszeit gemacht!

„Halten Sie rechtzeitig inne!", möchte ich Ihnen mit diesem Buch zurufen, haben Sie den Mut, zu schauen, ob die Bahn noch stimmt, auf der Sie sich bewegen. Finden Sie es heraus, machen Sie freiwillig (!) eine Auszeit, kehren Sie dann motiviert und aufgetankt wieder zurück und integrieren Sie Ihre Erkenntnisse in den Arbeitsalltag. Ihr Arbeitgeber wird es Ihnen spätestens dann danken. Oder aber verabschieden Sie sich von Ihrem Job, wenn er sich auch nach längerer Distanz als unpassend erweist. Ihr Arbeitgeber wird Ihnen auch das irgendwann danken. Und Sie werden es sich auf jeden Fall danken, wenn Sie das erste Mal das Gefühl des Angekommenseins spüren, das bis in die Haarwurzeln kriecht und Sie mit wohligem Schaudern „ja" sagen lässt. Wenn Sie endlich Ihren Krimi, der seit zehn Jahren in der Schublade liegt, fertig geschrieben haben. Wenn Sie endlich die Länder bereist haben, die Sie bis dato nur am Globus mit dem Finger abgefahren sind.

Was mich so sicher macht? Bei meinen Recherchen ist mir niemand begegnet, der eine Auszeit gemacht und es hinterher bereut hat. Und was mich so sicher macht, dass ich deshalb gleich ein ganzes Buch darüber schreibe? Weil mir von Beginn meiner Recherchen an aus allen Ecken entgegentönte: „Das hab ich auch gemacht. Das will ich auch machen. Das mach ich gerade. Da kenne ich jemand, der das gerade macht", sobald ich das Thema meines Buches erwähnte. Aber aus mindestens so vielen Ecken hieß es: „Das würde ich auch gerne machen, aber ..." Und genau dieses Aber möchte ich zum Inhalt meines Buches machen. Das Aber, das einen davon abhält, einer Spur zu folgen, kann mit guter Vorbereitung geschrumpft werden. Sodass nur noch ein leichtes, klares A übrig bleibt. Ein A wie Anfang.

Wenn dieses Buch dazu beiträgt, Ihnen den Mut zu geben, einen Schritt zu gehen, der Ihnen am Herzen liegt, dann ist für mich der Sinn des Buches erfüllt. Und wenn der eine oder andere Arbeitgeber erkennen kann, dass die Auszeit eines Mitarbeiters auch ein Gewinn für sein Unternehmen sein kann.

Wien, im Oktober 2006

Christa Langheiter

Einleitung

Was soll ein Buch über freiwillige Auszeit, wo so viele Menschen unfreiwillig ohne Arbeit sind? Ende Juli 2006 waren immerhin fast 200.000 Österreicher arbeitslos gemeldet und fast 50.000 in AMS-Schulungen. Ist es da nicht zynisch, darüber zu schreiben, wie man sich am besten eine längere Pause vom Job verschaffen kann? Nein, ist es nicht. Zynisch ist vielmehr, dass Arbeit und Einkommen so ungleich verteilt sind, dass die einen nicht wissen, wie sie die Arbeit bewältigen können, ohne sich kaputt zu machen, und aus dem Überstundenhamsterrad nicht herauskommen, während die anderen nicht wissen, wo und wann sie endlich wieder eine Arbeit finden können, von der sie auch leben können. Und während ernsthaft die jahrelange Fortzahlung von Bankdirektorengehältern, auch wenn die Funktion nicht mehr ausgeübt wird, am Plan steht, warten andere jede Woche auf die Angebotsprospekte der Supermärkte, um ihre Grundbedürfnisse befriedigen zu können.

Ein neuer Trend

Der Trend zur Auszeit macht Hoffnung, dass Menschen nicht länger bereit sind, ihre Gesundheit und ihre Familie der Arbeit zu opfern, sondern sich vielmehr darauf besinnen, dass es auch andere Wege für ein erfülltes Leben gibt, als maximale Leistung im Job zu erbringen. Und das wiederum macht Hoffnung, dass arbeitslose Menschen nicht länger mit einem Stigma versehen sind: Wer keine Arbeit hat, ist nichts wert. Denn wer sich einmal in der selbst gewählten Auszeit die Frage gestellt hat: „Wer bin ich ohne Arbeit?", wird in Zukunft mehr Verständnis für Menschen haben, die unfreiwillig ohne Arbeit sind.

Der Trend zur Auszeit resultiert zuallererst aus den sich langsam verändernden Einstellungen zu Arbeit. Nicht mehr maximales Image und maximales Gehalt stehen bei vielen im Vordergrund, sondern Werte wie Authentizität, Lebensqualität und Sinnhaftigkeit halten Einzug. Denn wer 60 Stunden die Woche arbeitet und ein Topgehalt sein Eigen nennt, braucht häufig viel Geld, um sich eine gewisse Lebensqualität erkaufen zu können. Da muss massiert, gewellnest und 5-Hauben-getafelt werden. Könnte man die Balance nicht auch billiger haben? Und könnte es nicht Wege geben, gar nicht so viel Ausgleich zu brauchen, indem die Arbeit weniger anstrengend und ressourcenschonender gestaltet wird? Und wer einen Job mit hohem Fremdbestimmtheitsfaktor hat, fragt sich immer häufiger, ob die Umsetzung eigener Ideen nicht mindestens so viel wert wäre wie das Gehalt, das man sich viel zu oft mit Kompromissen erarbeitet.

Auch der neue Trend zur Selbstständigkeit mag ein Indiz für diese Sehnsucht nach sinnerfüllter Arbeit und Selbstverwirklichung sein. Der Gründerboom basiert stark auf der Gründung von Mikrounternehmen und Ein-Personen-Unternehmen, deren Zahl in den letzten zehn Jahren in Österreich um ca. ein Drittel zugenommen hat. Ihre Motive haben Wirtschaftscoach Christine Bauer-Jelinek, Begründerin der Initiative für MikrounternehmerInnen, und Ernst Gehmacher von der Sozialwissenschaftlichen Studiengesellschaft 2005 erhoben. Das Ergebnis: Fast drei Viertel der Befragten nennen „Unabhängigkeit" und „Ideen verwirklichen" als Motiv für die Unternehmensgründung, für über die Hälfte der Befragten ist „etwas Sinnvolles tun" und „Werke schaffen" der Motor der Unternehmensgründung. Von Reichtum hingegen träumen nur fünf Prozent.

Dass das Einkommen nicht mehr alleine den Wert der Arbeit bestimmt, mag auch daran liegen, dass die Arbeitnehmer von heute oft auch von dem Wohlstand profitieren können, den ihre Eltern aufgebaut haben.

Auch die sich verändernden demografischen Gegebenheiten tragen dazu bei, dass Auszeit ein immer wichtigeres Thema werden wird. Die Mitarbeiter der Zukunft werden wesentlich älter sein als heute. Schon in zehn Jahren wird aufgrund von Geburtenrückgängen die Anzahl der jüngeren Arbeitskräfte drastisch zurückgehen und die Über-45-Jährigen werden die größte Gruppe unter den Beschäftigten bilden. Auch die Anhebung des gesetzlichen Pensionsalters wird dazu führen, dass ältere Arbeitnehmer schon bald die Mitarbeiterlandschaft dominieren werden. Unternehmen werden sich also in Zukunft häufiger mit der Frage auseinandersetzen müssen, welche Rahmenbedingungen sie für die spezifischen Bedürfnisse älterer Arbeitnehmer schaffen können. Auszeitmodelle könnten dabei vermehrt eine Rolle spielen.

Und last but not least sind auch die Berufslebensläufe heutzutage nicht mehr so linear wie noch vor zwanzig Jahren. Beinahe die Hälfte aller 3,2 Millionen Arbeitnehmer in Österreich wechselt im Laufe eines Kalenderjahres den Arbeitsplatz. Wer also in der Auszeit erkennt, dass sein Job nicht mehr seinen Vorstellungen entspricht (obwohl das bei einem kleineren Teil der Auszeitnehmer der Fall ist), fällt mit einem Jobwechsel nicht weiter aus dem Rahmen und ist auch an einer neuen Arbeitsstelle kein besonderer Fall, der einer speziellen Erklärung bedarf. Und auch die Auszeit selbst verliert immer mehr das Image des Verpönten, des Faulenzens, sondern wird zum erfolgsförderlichen Punkt im Lebenslauf. Denn wer eine Auszeit gemacht hat, beweist Flexibilität, Mut und häufig Offenheit für andere Kulturen und neue Situationen. Und wer die Lebensläufe von erfolgreichen Persönlichkeiten betrachtet, kann meist feststellen, dass sie selten nach einem monotonen Schema verlaufen sind, sondern dass diese im Gegenteil Ups and Downs erlebten und Ideen oft gegen Widerstände durchsetzen mussten.

Nach diesem Prinzip funktioniert auch die Academy of Life von Siemens Österreich. Jedes Jahr wurden und werden visionäre „unmonotone" Persönlichkeiten wie Peter Ustinov, die Verhaltensforscherin Jane Goodall, der Sänger Herbert Grönemeyer, Vivienne Westwood oder Karlheinz Böhm eingeladen, um jungen Managern und Managerinnen ihre individuellen Erfolgsrezepte vorzustellen. Wobei die Gästeliste zeigt, dass Erfolg über die Definition von Karriere und *wirtschaftlichem* Erfolg bereits hinausgeht.

Den Trend zur Auszeit mit Zahlen zu belegen, ist so gut wie unmöglich. Denn wie viele Menschen insgesamt eine Auszeit realisieren, ist aufgrund der zahlreichen Auszeitvarianten, von Bildungskarenz über Studienabschluss-Stipendium, Urlaubszusammenlegung bis zu Sabbaticalmodellen und Karenzie- rungen, nicht zu ermitteln.

Ursprünge

Das bekannteste Auszeitmodell, das Sabbatjahr, ist so alt wie das Alte Testament. *Nach sechs Jahren Bewirtschaftung sollst du das Feld ein Jahr ruhen lassen,* heißt es da. Dadurch bleibt die Ernte stabil oder wächst sogar. Nach dem Prinzip der ausgelaugten Felder, die sich wieder für einen guten Ertrag erholen müssen, funktioniert auch das Sabbatjahr, auch Sabbatical genannt, in der Wirtschaft: Hewlett Packard bietet es, Siemens bietet es und die Erste Bank ebenfalls, um nur einige zu nennen.

Den Anfang der Sabbaticals machten amerikanische Universitätsprofessoren in den 60er Jahren mit einem bezahlten Forschungsfreisemester. Eine Variante, die es auch an österreichischen Universitäten gibt. Einen kreativen Zugang zu Auszeit hat die amerikanische Tageszeitung USA Today. Ihre Redakteure können acht Wochen vom Schreiben frei bekommen, stattdessen machen sie Studien zu bestimmten Themen und berichten darüber. Nicht nur Nichtstun kann also eine Auszeitvariation sein, sondern einfach einmal innerhalb des Unternehmens eine völlig andere Aufgabe zu übernehmen und so den Kopf einmal frei zu machen für Neues. Zu diesem anderen Auszeitansatz würde auch die Initiative „Brückenschlag" zählen, bei der Führungskräfte aus Wirtschaftsbetrieben und Sozialeinrichtungen für kurze Zeit die Seite wechseln.

Prominente Auszeitnehmer

Auch in den Lebensläufen berühmter und erfolgreicher Personen finden sich immer wieder Auszeiten. So hat Roger Enrico, CEO von PepsiCo, mit 50 Jahren eine längere Pause vom Job gemacht, um über seine Zukunft nachzudenken. Während dieser Zeit entwickelte er auf seinem Rückzugsdomizil auf den Cayman Islands und auf seiner Ranch in Montana eine spezielle Schulungsidee für die vielversprechendsten Manager von PepsiCo. Alan Cox, einer der prominentesten Linux-Entwickler, nahm ein Jahr Auszeit, um seinen Abschluss als Master of Business Administration (MBA) zu machen. TV-Moderator Christian Clerici zog sich acht Monate zurück, der ehemalige Report-Chef Wolfgang Fuchs nahm sich ein halbes Jahr Auszeit, das er hauptsächlich in den Bergen verbrachte. Und Joseph Wilhelm, Chef des Naturkostunternehmens Rapunzel AG, packte 25 Jahre nach Gründung des Unternehmens den Rucksack undreiste viereinhalb Monate um die Welt.

Vor der Auszeit

Der Anfang ist die Hälfte des Ganzen.

Aristoteles

Will ich? Kann ich? Muss ich? Das sind die drei Fragevariationen für alle, denen eine Auszeit im Kopf herumspukt. Manchmal handelt es sich nur um diffuse Unzufriedenheit mit der derzeitigen Arbeitssituation und es braucht keine große Auszeit, damit das Zufriedenheitsbarometer auf ein akzeptables Niveau steigt. Bereits kleine Veränderungen wie eine andere Arbeitszeit oder Unterstützung durch eine Assistentin würden helfen.

Manchmal aber geht es nicht mehr um die Frage, ob man gerne eine Auszeit machen möchte oder nicht. Wenn man sich jeden Morgen nur noch mit Widerwillen auf den Weg zur Arbeit macht, wenn der Magen rebelliert, sobald man am Schreibtisch sitzt, und abends außer Flimmerkiste schon lang kein Programm mehr angesagt ist, dann stehen die Zeiger der Auszeituhr auf „muss". Dann gilt es nur noch zu klären, wie und wann das Burnout durch eine Auszeit gestoppt oder vielleicht noch verhindert werden kann.

Wenn Sie bei der Frage „kann ich?" angelangt sind, gilt es nur noch äußere Faktoren zu klären: Macht Ihre Familie mit? Macht Ihr Chef mit? Macht Ihr Konto mit? Aber alles der Reihe nach.

Will ich oder will ich nicht?

Wer sich diese Frage stellt, hat entweder keinen heftigen eindeutigen Impuls für eine Auszeit gehabt oder hat ihn schon ohne Umsetzungsbeschluss vorbeiziehen lassen. Das ist verständlich. Eine Auszeit ist in den meisten Fällen eine große Sache, an der viele andere Entscheidungen und Fragen hängen. Dass man nicht spontan einem Impuls folgt, ist nachvollziehbar. Um also die Frage nach dem Wollen beantworten zu können, braucht es eine intensive Auseinandersetzung mit den Motiven für eine mögliche Auszeit. Und die sind so unterschiedlich wie die Menschen, die sich darüber Gedanken machen. Sich wieder weiblicher zu fühlen, wurde in den Interviews für dieses Buch ebenso erwähnt wie endlich einmal genug Zeit für eine große Reise zu haben, eine neue Position als Mutter zu finden, nachdem die Kinder in die Pubertät gekommen sind, oder sich klar zu werden, wo seine Berufung eigentlich liegt.

Checkliste: Auszeitmotive

Warum wollen Sie eine längere Pause vom Job machen?

☺ Weil ich endlich meinen Traum verwirklichen will: ein Haus bauen, ein Buch schreiben, eine Weltreise machen.

☺ Weil ich wieder fit werden will.

☺ Weil ich herausfinden will, ob der Job, den ich gerade mache, der ist, den ich bis zur Pension ausüben möchte.

☺ Weil ich einen sinnvollen Beitrag für die Welt leisten – mich für den Umweltschutz oder für soziale Belange engagieren – möchte.

☺ Weil ich herausfinden will, wie ich Arbeit und Privatleben besser unter einen Hut bekommen könnte.

☺ Weil ich mein Familienleben aus neuer Perspektive betrachten möchte.

☺ Weil ich einmal eine Zeit ohne Handy, E-Mails und ständige Erreichbarkeit verbringen möchte.

☺ Weil ich wieder einmal Zeit für mich, meine Interessen und Hobbys haben will.

☺ Weil ich tun will, was mir spontan einfällt.

☺ Weil ich in Ruhe meine Partnerschaft überdenken möchte.

- ☺ Weil ich einen Weg suche, eine schwere Krankheit oder einen Verlust zu verkraften.
- ☺ Weil ich einmal aus dem Alltagstrott rauskommen möchte.
- ☺ Weil ich mir spezielles Wissen aneignen oder ein Studium abschließen möchte.
- ☺ Weil ich wieder mehr Freude am Job finden möchte.
- ☺ Weil ich wieder die Frau/den Mann in mir finden möchte, statt nur den Karrieremenschen vor Augen zu haben.
- ☺ Weil ich meinen eigenen Lebensrhythmus finden möchte.
- ☺ Weil ich einen neuen Umgang mit Zeit lernen will.
- ☺ Weil ich im alten Job am Plafond meiner Möglichkeiten angelangt bin.
- ☺ Weil ich herausfinden möchte, wo meine Stärken, Schwächen und Grenzen liegen.
- ☺ Weil ich Abstand zu meiner Arbeit finden möchte, die mich derzeit bis nach Hause verfolgt.
- ☺ Weil ...
- ☺ Weil ...
- ☺ Weil ...

Fasten und Vision Quest

Klarheit über seine Motive zu finden, ist schon der erste nicht ganz so leichte Schritt. Der zweite ist, zu entscheiden, ob Sie für Ihr Anliegen wirklich eine längere Auszeit brauchen oder ob nicht regelmäßig zu joggen oder ein Urlaub auf der Alm abseits der Familie auch genügen. Nun kann man viele Checklisten schreiben und Für und Wider abwägen, man kann aber stattdessen oder zusätzlich auch einfach innehalten und sich darauf konzentrieren, was das Innere einem sagt.

Wenn der Kopf sich nicht länger ausquetschen lässt, ist meist der Körper dennoch sehr „gesprächsbereit". Das mag Ihnen nun vielleicht allzu esoterisch erscheinen, ist aber eine jahrtausendealte erprobte Weisheit, die in vielen Religionen durch das Fasten praktiziert wird: Im Christentum fastet man 40 Tage lang vor Ostern, im Islam gibt es den Fastenmonat Ramadan und im Judentum zehn Tage zwischen dem Neujahrsfest und dem Tag der Versöhnung. Das Fasten befreit von unnötigem Ballast – zuerst auf körperlicher Ebene und in Folge auch auf mentaler Ebene – und legt so den Blick aufs Wesentliche frei. Fasten ist wie durch eine geputzte Fensterscheibe zu schauen. Ohne belastende Mageninhalte wird vieles klar, was zuvor durch Verdauungsvorgänge übertüncht war. Eine Fastenwoche zur Klarheitsfindung ist für Gesunde sehr zu empfehlen. In keiner anderen Zeit weiß man hinterher so genau über seine Wünsche und Pläne für die Zukunft Bescheid. Und das müssen nicht unbedingt bedeutsam klingende Projekte wie ein Studium zu beginnen oder ins Ausland zu ziehen sein. Es kann stattdessen auch klar werden, dass man einen verlorenen Kontakt zu einer alten Freundin wiederbeleben möchte, in Zukunft Müsli statt Buttersemmel zum Frühstück essen möchte oder nicht mehr am Meer, sondern in den Bergen seinen Urlaub verbringen möchte, auch wenn der Rest der Familie nicht auf Badeferien verzichten wird. Auch die Summe kleiner Veränderungen kann insgesamt einen großen Schub in Richtung mehr Lebensqualität und Zufriedenheit bringen.

Eine Fastenwoche kann nicht nur die nötige Klarheit bringen, ob Sie den großen Auszeitschritt wagen sollen, es kann auch schon eine erste Auszeiterfahrung sein, eine Mini-Auszeit sozusagen.

Den Mini-Auszeit-Charakter bekommt das Fasten insbesondere dann, wenn Sie sich entschieden haben, während dieser Zeit nicht zu arbeiten und – was ideal wäre – auch auf permanente Erreichbarkeit zu verzichten, für mehr Bewegung und Schlaf und für weniger Stress zu sorgen. Gut möglich, dass Sie in der Woche so richtig auf den Auszeitgeschmack kommen.

Wem eine Woche Fasten – etwa nach der Methode von Dr. Otto Buchinger und Dr. Hellmut Lützner, bei der keine feste Nahrung zu sich genommen wird, der Körper alles Notwendige über Gemüsebrühen, Tees und Säfte bekommt – nicht radikal genug ist, der kann die ursprünglichste Form der Visionssuche, die Vision Quest, zu Rate ziehen. Einige Tage allein in der Wildnis ohne Nahrung, das ist die verschärfte Form der Visionssuche, die heute noch bei den nordamerikanischen Indianern oder den Ureinwohnern Australiens praktiziert wird, aber auch in unserer Kultur bis ins christliche Mittelalter gang und gäbe war. Heute werden Vision Quests hierzulande professionell begleitet insbesondere für Menschen in Übergangs- und Krisenzeiten angeboten, für alle, die sich der Wildnis in sich selbst stellen und ihren Lebensfragen nachgehen wollen. Wobei nicht immer die ursprüngliche Frage, mit der man in die Wildnis ging, als Thema bleiben muss, wie Sylvia Koch-Weser und Geseko von Lüpke in ihrem Buch „Vision

Quest" anschaulich erzählen: „Es kann auch sein, dass jemand, bevor er hinausgeht, die Absicht formuliert, sich Klarheit über seinen zukünftigen Berufsweg verschaffen zu wollen. Er möchte eine Entscheidung über einen Job treffen. Und während er dann in der Wildnis sitzt, treten alle Dinge, die er wahrnimmt und die er für wichtig hält, in Paaren auf, er sieht zwei Vögel, zwei Steine, zwei Bäume, die eng nebeneinander stehen usw. Langsam dämmert ihm, dass ihn eigentlich die Frage beschäftigt, ob er bereit für eine Partnerschaft ist, und er bestätigt in seiner Zeit in der Wildnis, dass er sich eine Bindung wünscht."

Ängste und Vorbehalte

Sie wissen also nun, weil Sie es rational analysiert haben oder weil Ihre innere Stimme dementsprechend klare Anweisungen gibt, dass Sie eine Auszeit machen möchten, und dann ... ja, dann kommt dennoch ein Zögern. Verflixt auch. Wozu die ganzen Checklisten, das ganze In-sich-Hineinspüren, wenn es dann erst etwas gibt, das einen vom Handeln abhält? Es ist die letzte Hürde. Versprochen. Und die Hürde heißt Angst. Angst vor Veränderung. Jedes Loslassen, jeder Abschied von einer Situation schmerzt – und sei im Augenblick die Situation noch so unbefriedigend, jede Veränderung ruft zuallererst Widerstand hervor. Frei nach dem Motto „Die alten Probleme kenne ich wenigstens schon, aber wer weiß, wie das Neue wird" klammert man sich häufig am Alten fest, ohne den Mut zu haben, Neues in Angriff zu nehmen. Das ist verständlich und menschlich. „Meine Erfahrung mit Tausenden von Menschen hat mich gelehrt, dass sie nur deshalb an ihrem Elend hängen, weil sie eine gewisse Art von Freundschaft dazu entwickelt haben. Sie haben schon so lange mit ihrer Misere zusammengelebt, dass es sich wie eine Scheidung anfühlen würde, wenn sie damit aufhören würden", bestätigt der spirituelle Lehrer Osho in seinem Buch „Mut". Also versuchen Sie sich in aller Freundschaft von der alten Misere zu trennen und knüpfen Sie neue Freundschaften. Das Wissen über das Phänomen des Widerstands kann dabei schon hilfreich sein. Und das Wissen darüber, dass Neues letztendlich nur erlebt werden kann, wenn Platz dafür geschaffen wurde, wenn Altes losgelassen wird. Sonst ist es wie mit einer Tasse Tee: Sie wird überlaufen, wenn man immer nur nachgießt und nie austrinkt oder sie ausleert.

Experten-Interview

Mag. Irmgard Schrems, Coach und Veränderungsexperting über die Angst vor Veränderungen

Menschen, die in Ihre Beratungspraxis kommen, stehen oft vor der Frage, ob sie etwas in ihrem Leben verändern wollen bzw. können. Was hält die Menschen Ihrer Erfahrung nach davon ab, Schritte in Richtung Veränderung zu setzen?

Es ist ein Phänomen, dass man offenbar tendenziell lieber in den vertrauten Qualen bleibt, als ungeahnte Höhenflüge zu wagen. Im beruflichen Zusammenhang sprechen oft auch materielle Sorgen gegen eine Veränderung. Dahinter verstecken sich aber oft andere Ängste wie die Angst vorm Scheitern oder auch die Angst vor dem Erfolg.

Manchmal hängt man sich auch an (zu) große Träume wie z. B. ein Buch zu schreiben. Das sind Träume, die man leben möchte, wenn dies oder jenes passiert ist. Wenn man dies immer als Traum belässt, muss man sich nicht der Verantwortung stellen, im Hier und Jetzt etwas zu verändern, und erspart sich, eventuell draufzukommen, dass man doch nicht so begabt oder konsequent ist, wenn sich die Bestsellerseiten nicht und nicht füllen wollen.

Also lieber kleine Dinge jetzt verändern als Großes irgendwann?

Ja, manchmal ist es zielführender, kleine Dinge zu verändern und nicht so sehr in großen Entweder-Oder-Kategorien zu denken. Kündigen oder nicht kündigen ist möglicherweise gar nicht die Veränderungsfrage, um die es geht. Vielleicht geht es um eine andere Aufgabe im gleichen Unternehmen oder eine Auszeit. Das Glück schaut oft anders aus, als man denkt.

Sollten Menschen auf jeden Fall den Schritt in Richtung Veränderung wagen, auch wenn es Widerstände und Ängste gibt?

Nicht unbedingt. Manchmal ist die Zeit noch nicht reif für eine Veränderung. Wenn man bei seinem Veränderungsvorhaben gar nicht weiterkommt, sollte man überprüfen, ob schon alles überlegt wurde, ob der Zeitpunkt wirklich günstig ist, ob die Richtung stimmt oder ob es vielleicht zuvor noch etwas zu erledigen gibt, z. B. etwas abzuschließen, zu lernen, eine Beziehung zu klären.

Was können Menschen tun, die sich sehr nach Veränderung sehnen, aber große Angst davor haben?

Es kann hilfreich sein, durch kleine Veränderungen etwas Neues auszuprobieren. Dann bleibt man beweglicher und gewöhnt sich an Neues. Das kann ein neuer Frühstücksplatz genauso sein wie ein neuer Weg zur Arbeit oder in bestimmten Situationen einmal anders als gewohnt zu reagieren. Oder man begibt sich bewusst in unsichere Situationen, besucht etwa eine Party, wo man niemanden kennt, oder fährt alleine auf Urlaub. So sammelt man Erfahrungen, wie man mit unsicheren Situationen umgeht.

Was aber lässt Menschen Neues ausprobieren, auch wenn damit Ängste verbunden sind?

Das ist ganz verschieden. Manche nehmen einfach ihren ganzen Mut zusammen und springen ins kalte Wasser. Manchmal passieren auch Dinge im Außen, die einen zwingen zu handeln, wie z. B. eine Trennung, eine Kündigung, ein Konflikt, eine Begegnung. Manchmal passiert Unvorhersehbares im positiven oder negativen Sinn – man verliebt sich oder die Wohnung wird ausgeraubt –, das einen ungeplant aus dem Trott bringt und neue Perspektiven eröffnet.

Haben Sie je erlebt, dass Menschen bereuen, wenn sie etwas in ihrem Leben verändert haben?

Die wenigsten bereuen Veränderungen. Selbst wenn die Veränderung anders oder nicht ganz so toll wie erhofft war, hat es dennoch meist den Effekt, dass die Veränderung die Menschen weiterbringt, dass es vielleicht ein wichtiger „Umweg" war und sich daraus etwas anderes, Neues ergibt.

Und jene wenigen, die die Veränderung bereuen?

Für die war es vielleicht nicht der richtige Zeitpunkt oder nicht die richtige Art von Veränderung. Denn wichtig ist, dass man das, was einem selbst guttut, kennt und dass man nicht einem vorgefertigten imageträchtigen Bild folgt. Was für einen anderen erstrebenswert ist – eine Führungskraft sein oder sein Leben vor dem Computer verbringen –, kann für das eigene Leben völlig unpassend sein. Eine Untersuchung mit Lottogewinnern und durch einen Unfall Querschnittgelähmten ergab, dass nach ein paar Jahren weder der plötzliche Reichtum noch die plötzliche körperliche Beeinträchtigung sich sehr auf die Lebenszufriedenheit ausgewirkt haben. Die Conclusio daraus: Dinge sind oft nicht so gut oder so schrecklich, wie man sie sich vorstellt.

Heißt das, man kann sich überhaupt nicht vorstellen, wie etwas sein wird, das man nicht kennt, das man noch nie erlebt hat?

Nur bis zu einem gewissen Grad. Je mehr Erfahrungen man mit Veränderungen hat, umso leichter wird man sich etwas ausdenken können. Wenn jemand etwa schon öfter arbeitslos war oder öfter seinen Job gewechselt hat, dann weiß er besser, wie es ihm in unsicheren Zeiten oder in neuen Situationen geht.

Veränderungen bringen aber oft auch ganz Unerwartetes mit sich. Manchmal sind Menschen in meiner Beratungspraxis davon überrascht, dass sie etwas sehr gern tun, was sie nie geglaubt hätten. Oder auch umgekehrt, dass ihnen etwas nicht so gut gefällt, wie sie sich das vorgestellt hatten. Etwas wirklich auszuprobieren erhöht also die Wahrscheinlichkeit, herauszufinden, ob etwas, wovon man träumt, einem wirklich entspricht.

Wie wichtig ist es, einen genauen Plan für Veränderungen zu haben?

Es ist gut, einen Plan zu haben. Es ist aber genauso wichtig, ihn wieder loslassen zu können. Das mag paradox klingen, ist aber genau die Kunst bei Veränderungen. Und man sollte auch vertrauen, dass die Veränderungssaat aufgehen und wachsen wird, anstatt jeden Tag zu graben und zu schauen, ob sie schon gewurzelt hat.

So können Sie Ihren Einwänden begegnen

Einwand 1: *„Ich kann doch nicht einfach ein paar Monate in die Berge fahren und malen, während mein Mann das Geld nachhause bringt."*

Vielleicht fiele diese Entscheidung leichter, wenn Sie sich selbst für Kindererziehung und Haushaltsarbeit einen fiktiven Lohn auszahlen würden, etwa den Lohn eines Handwerkers. Sie werden schauen, wie viel da zusammenkommt für Hosenflicken, Marmeladekochen und Englischnachhilfe.

Einwand 2: *„Das kann ich mir finanziell nicht leisten."*

Dann weiter zum Kapitel „Machen meine Finanzen mit?".

Einwand 3: *„Wie kann ich wissen, was in fünf Jahren ist, wenn meine Ansparzeit vorbei ist?"*

Das ist natürlich ein berechtigter Einwand im Fall eines Sabbaticals. Sicher kann es sein, dass Ihre Ehe inzwischen gescheitert und die gemeinsame Weltreise kein Thema mehr ist. Und natürlich kann es sein, dass Ihr pubertierender Sohn Gefahr läuft, ohne Sie kompletten Mist zu bauen. Wer auf Nummer sicher gehen möchte und nicht nur für sich alleine verantwortlich ist, sollte andere Auszeitvarianten überlegen, die keine so lange Vorlaufzeit haben, etwa Bildungskarenz oder Urlaubszusammenlegung.

Einwand 4: *„Wenn ich so lange weg vom Job bin, verpasse ich fachlich komplett den Anschluss."*

Ist es wirklich so? Wenn ja, wäre eine gemäßigtere Auszeitvariante eine Möglichkeit? Kürzer und mit der Möglichkeit, sich auch in der Auszeit am Laufenden zu halten? Wenn nein, wäre möglicherweise auch die Frage angebracht, ob Sie ewig einen Job machen wollen, wo keine Pausen möglich sind, ob dieses Immer-am-Laufenden-sein-Müssen nicht genau der Grund ist, warum Sie sich so sehr nach einer Auszeit sehnen.

Einwand 5: *„Wenn ich zurückkomme, werden alle über mich herfallen, weil sie meine Arbeit mitmachen mussten."*

Dafür zu sorgen, dass Ihre Arbeit während Ihrer Abwesenheit zufriedenstellend erledigt werden kann, ist in erster Linie die Verantwortung Ihres Vorgesetzten. In den meisten Fällen gelingt es sehr gut, die Arbeit neu zu verteilen. Am schwierigsten ist dann oft, zu akzeptieren, wie leicht die Arbeit auf andere aufzuteilen ist, und zu sehen, wie ersetzbar man trotz allem Know-how ist.

Einwand 6: *„Wenn ich ein Jahr nur gemacht hab, wonach mir ist, kann ich mir nicht vorstellen, jemals wieder die absurden Anordnungen meines Vorgesetzten auszuführen."*

Hoppla. Läuft da nicht prinzipiell etwas verkehrt, wenn Sie Anordnungen nur ausführen, noch dazu absurde? Wäre die Rückkehr nicht die Chance, einmal ein offenes Gespräch mit Ihrem Vorgesetzten zu führen? Wann wäre der Zeitpunkt günstiger als nach einem Freijahr, wo Sie Energie getankt haben und sich selbst näher denn je waren?

Einwand 7: *„Eine Auszeit sieht mein Arbeitgeber sicher nicht gern. Nachher bin ich unten durch und ich habe alle meine Aufstiegschancen verpasst."*

Manche Arbeitgeber könnten es so sehen, aber für viele ist der Auszeitwunsch eines Mitarbeiters auch ein Zeichen, dass er weiß, was er braucht, eigenständig denkt und Ziele konsequent verfolgt – durchaus Qualitäten, die bei Aufsteigern gefragt sind.

Einwand 8: *„Diese Sabbaticalprogramme sind doch nur Alibiangebote, weil es nach außen gut ausschaut. In Wirklichkeit sollten wir es aber besser nicht in Anspruch nehmen."*

Sabbaticals anzubieten gibt einem Unternehmen sicher auch ein modernes, mitarbeiterorientiertes Image. Das mag mit ein Grund sein, warum sie angeboten werden. Zur Imagestärkung gäbe es allerdings sicher weniger aufwändige Möglichkeiten als ein Sabbatical, das meist mit dem Betriebsrat ausverhandelt wird und auch in der Umsetzung administrativen Aufwand bedeutet.

Einwand 9: *„Eine Auszeit in meinem Lebenslauf ist eine große Hürde, wenn ich mich einmal um einen neuen Job bewerben möchte."*

Im Gegenteil. Auszeitnehmer genießen ein gutes Image bei potenziellen Arbeitgebern, da sie als gut erholt und innovativ gelten. Arbeitgeber beschäftigt vielmehr die Frage, ob ein Bewerber auch wirklich länger im Unternehmen bleiben will und nicht nach einer für das Unternehmen belastenden Einarbeitungszeit wieder gehen möchte.

So sehen Arbeitgeber eine Auszeit im Lebenslauf

Dr. Melitta Kraus, Geschäftsführerin des Vereins Rat und Hilfe

Ich finde nichts Schlechtes an einer Auszeit im Lebenslauf, im Gegenteil. Es ist absolut kein Bruch für mich, es kann manchmal notwendig sein oder hilfreich für die Persönlichkeitsentwicklung. Auch wenn jemand um die Welt gereist ist, sehe ich das positiv. Das stärkt sicher die Persönlichkeit. Ich würde aber auf jeden Fall – schon aus Interesse! – nachfragen, was derjenige gemacht hat. Theoretisch könnte er ja auch eine Haftstrafe abgesessen haben. Damit will ich keinesfalls sagen, dass diese Menschen keine Chance auf einen Arbeitsplatz haben sollen, im Gegenteil. Aber es ist sicher hilfreich für alle Beteiligten, wenn mit offenen Karten gespielt wird.

Doris Steinhausen, Rechtsanwältin

Eine längere Auszeit im Lebenslauf wäre absolut kein Grund, mit dem Menschen kein Bewerbungsgespräch zu führen oder ihn nicht zu nehmen. Bei mir betrifft das vor allem Bewerbungen als Sekretärin. Wenn sie Erfahrung im Beruf hat, auf aktuellem Wissensstand ist und kompetent wirkt, würde ich die Auszeit als solche sicher nicht als Minus, eventuell sogar als Plus sehen, weil sie mit Reserven den Job antritt. Allerdings würde ich mit ihr über die Auszeit reden. Ich würde sie nicht nehmen, wenn ich den Eindruck hätte, dass sie nicht längerfristig den Job bei mir will. Das weiß man allerdings im Vorhinein sowieso nicht.

Dr. Thomas Höhne, Rechtsanwalt

Verdächtig sind die ganz linearen Karrieren. Denn diese Personen eignen sich für den Anwaltsberuf nicht. Da muss man ein sehr breites Spektrum haben, schnell mit unterschiedlichen Menschen über fremde Situationen reden können. Noch dazu neigt das Jusstudium nicht gerade zur Breite. Brüche im eigenen Lebenslauf sind daher für diesen Beruf durchaus interessant, auch wenn jemand auf Weltreise war. Denn auch wer sich in fremden Kulturen bewegt hat, vergrößert seine Problemlösungskompetenz und Kommunikationsfähigkeit. Das sollte man auch den Leuten nach der Matura sagen. Wenn jemand ohne Zusatzausbildung direkt nach dem Gerichtsjahr kommt, täuscht er sich jedenfalls, wenn er glaubt, wir haben auf ihn gewartet. Was kann er denn dann vom Leben wissen?

Christoph Koller, Geschäftsführer Steinway in Austria

> *Eine Auszeit im Lebenslauf betrachte ich nicht als Makel. Viel unangenehmer ist es, wenn ein Lebenslauf sieben verschiedene Jobs in zehn Jahren aufweist. Da müsste man sich sorgen, dass jemand nicht durchhält und sich nicht integrieren kann.*

Mag. Markus Posch, Vorstandsdirektor Human Resources Management & Innovation, Philips Austria GmbH

> *Ich würde mit dem Bewerber darüber reden, was er in der Auszeit gemacht hat. Es macht einen Unterschied, ob er 800 Kisten Bier geleert oder in Nigeria Entwicklungshilfe gemacht hat. Man muss die Substanz hinter der Auszeit erkennen. Wenn sich jemand um die Eltern gekümmert hat, beweist das beispielsweise soziale Kompetenz und Verantwortung. Und wenn jemand unternehmerisch gescheitert ist, ist mir das lieber, als wenn er es nicht probiert hat. Es zeugt von Mut, Initiative und Kreativität.*

Für die einen gibt es jahre- oder sogar jahrzehntelang immer einen Grund, warum jetzt gerade nicht der richtige Zeitpunkt für eine Auszeit ist, bis sie den Auszeitwunsch endlich dingfest machen. Andere hören von einer Möglichkeit und schlagen sofort zu ohne Wenn und Aber. Bei den meisten aber reift der Wunsch nach und nach und ein Ereignis, ein Detail ist dann das berüchtigte Steinchen, das den Ausschlag für die Umsetzung gibt. Wenn etwa die beste Freundin vorzeigt, wie befruchtend eine monatelange Reise sein kann. Oder wenn plötzlich Klienten auch zuhause anrufen und das Gefühl, keine Erholungsoasen mehr im Leben zu haben, noch deutlicher wird. Eines ist aber bei so gut wie allen klar: Etwas Vorbereitungszeit ist notwendig für eine Auszeit. Auch wenn man nicht für längere Zeit wegfährt, sind meist einige familiäre oder finanzielle Dinge zu regeln.

Stressen Sie sich nicht. Gönnen Sie sich die Umsetzung Ihrer Auszeit in Ihrem eigenen Tempo. Die Planung der Auszeit ist eine erste gute Gelegenheit, an Projekte mit einer anderen Einstellung in Bezug auf Zeit heranzugehen.

Erfahrungsbericht

Das tun, was mir spontan einfällt

Werk-Lehrer Christian Göbel überlegt, ein Jahr Auszeit von der Schule zu nehmen. Ob er es letztendlich realisieren wird, hängt auch von der Gesetzeslage ab. Die Sabbaticalregelung für Lehrer läuft im August 2007 vor- läufig aus, derzeit hat er aber noch nicht die notwendigen zehn Dienstjahre beisammen.

Ich überlege mir derzeit ernsthaft, ein Sabbatjahr zu nehmen. Das ist eine Chance, die man nutzen sollte. Es gäbe genug, was ich in der Zeit gerne tun würde – egal, ob ich es dann tue oder nicht. In erster Linie würde ich gerne reisen, an zweiter Stelle steht das Malen. Und drittens würde ich gern das tun, was mir spontan einfällt. Wenn ich länger drüber nachdenke, ist das eigentlich das Wichtigste. Das bedeutet nämlich, selbstbestimmt leben zu können. Es kommen dann aber gleich andere Zwänge, weil man ja nicht alleine ist. Ich würde nicht gerne ein Jahr von meiner Freundin und dem restlichen Beziehungskreis weg sein. Und alleine um die Welt zu reisen, ist auch nicht so attraktiv. Das ist das Hauptproblem. Fürs Alleinereisen würden ein paar Monate reichen.

Mein Job ist okay, die Arbeit mit den Kindern macht Spaß, auch wenn vieles in der Schule unlustig ist: dass man keinen Arbeitsplatz in der Schule hat, dass man permanent großem Lärm durch die Kinder in der Werkstatt ausgesetzt ist, dass man ständig gegen einen Widerstand – den der Kinder – arbeiten muss. Und dass man als Einzelner kaum etwas entscheiden kann. Man kann sich noch so anstrengen – weder verändern sich dadurch die Arbeitsbedingungen noch das Gehalt oder die Anerkennung. Das Image der Lehrer ist extrem schlecht, Anerkennung kommt höchstens von den Kindern. Ganz anders als etwa in Singapur, wo es jedes Jahr einen Teachers' Day gibt, an dem in Werbespots Lehrer geehrt werden.

Lehrer zu sein ist eigentlich ein Sozialarbeiterjob. Nach drei vollen Tagen ist die ganze Energie draußen. Das ständige Disziplinieren und der Lärm kosten viel Energie. Nach einem Freijahr ist man sicher wieder eine Zeitlang belastbarer. Zusätzlich weiß man nachher, wie das Leben sonst noch sein könnte: dass man selber entscheiden kann, was man macht, ohne Existenzsorgen haben zu müssen, wie das etwa der Fall ist, wenn man vom Malen leben müsste. Eigentlich wollte ich ja Maler werden, aber ich habe keine Chance gesehen, davon zu leben. In einem Sabbatjahr könnte ich wenigstens ein Jahr malen, egal ob es jemand gut oder schlecht findet und ob die Bilder jemand kaufen will.
Ein Sabbatjahr ist eigentlich ein vorgezogenes Pensionsjahr, nur mit dem Unterschied, dass einem etwas einfallen könnte, was man für die Zeit danach ändern möchte. In der Pension wäre das zu spät. Im Alltagstrott kommt man nicht zum Nachdenken, da lässt man manches nicht an sich heran. Es gibt schon Dinge, die ich sonst gerne arbeiten würde: Ausstellungsbau oder ein Beisel eröffnen, aber erstens überwiegt der Spaß am Lehrersein noch und zweitens gibt der Job ja auch Sicherheit. Es ist mit 45 Jahren anders als mit 23, wo man locker, ohne zu wissen, was nachher kommt, einen Job aufgegeben hat.
Mit 80 Prozent meines derzeitigen Gehalts (Anmerkung: angespart, indem man vier Jahre lang bei voller Beschäftigung nur 80 Prozent Gehalt bekommt) müsste ich mich einschränken, aber es ist schon vorstellbar, dass ich damit auskomme. Es gibt viele Leute, die von weniger leben müssen. Schwierig finde ich, dass man lange vorausplanen muss. Wenn ich es auf fünf Jahre anlege, wer weiß, was dann in vier Jahren ist.
Als Lehrer ist ein Sabbatical vermutlich leichter realisierbar als in der Wirtschaft. Denn ob ich ein Jahr in der Schule bin oder nicht, ist völlig egal. Die Kinder gewöhnen sich schnell an Veränderung wie einen neuen Lehrer. Obwohl manche Kollegen es sich so einteilen, dass sie ihr Freijahr nehmen, nachdem sie die Kinder bis zur Matura begleitet haben.

Muss ich oder muss ich nicht?

Vom Stress zum Burnout

„Ich bin im Stress." Würde einmal jemand erforschen, wie oft dieser Satz Tag für Tag ausgesprochen wird, ich bin mir sicher, er erhielte einen Platz unter den Top 3 der deutschen Sätze, sehr weit vor „Ich liebe dich" oder „Heute ist ein toller Tag." Wieso gurgelt dieser Satz die Kehle hinauf mit einer Selbstverständlichkeit, die einem „Guten Morgen" oder „Zwei Semmeln, bitte!" gleichkommt? Die Antwort ist, dass wir uns an den Stress genauso gewöhnt haben wie an die Semmeln und den neuen Morgen.

Laut Arbeiterkammer leiden rund 27 Prozent der österreichischen Arbeitnehmer an Stress. Zwei Untersuchungen der Arbeitsbelastungen und deren Auswirkungen auf die Beschäftigten der EU-Mitgliedsstaaten ergaben, dass seit 1990 vorwiegend die Stressfaktoren hohes Arbeitstempo und kurzfristig bekannt gegebene, unaufschiebbare Termine deutlich zugenommen haben, wobei die Stressgefährdung in Betrieben mit 50 bis 499 Beschäftigten am größten ist.

Durch den Einsatz moderner Technologien wie EDV und durch eine immer schlankere Organisation muss immer mehr Arbeit in immer kürzerer Zeit erledigt werden. Häufig ist Multitasking, also paralleles Arbeiten, die einzige noch verbleibende Möglichkeit der Beschleunigung. Und das entspricht uns laut Univ.-Prof. Dr. Sepp Porta, Leiter des Instituts für angewandte Stress-Forschung in Bad Radkersburg, überhaupt nicht: „Die Adrenalinausschüttung kennt kein Feedback, das heißt, egal wie hoch der Adrenalinspiegel momentan ist, es wird auf einen gegebenen Reiz noch mehr ausgeschüttet. Multitasking kann also über dauernd steigenden Adrenalinspiegel zu dauernder Herzbeschleunigung und dadurch zu Sauerstoff-Versorgungsschwierigkeiten am Herzmuskel führen. Die ebenfalls durch einen zu hohen Stresshormonspiegel verursachte unmäßige Erhöhung freier Radikale erhöht die Krebs- und Arteriosklerosegefahr. Sportlicher Ausgleich wird durch Multitasking minimiert, wir laufen mit adrenalinbedingten Zuckererhöhungen fast wie Diabetiker herum."

Univ.-Prof. Dr. Sepp Porta rät zu langen Auszeiten, „die über diesem täglichen Gewurrel stehen", und zu Ritualen als größten Feind des Stresses: „Ohne dass es jeden siebenten Tag einen Sonntag gäbe, an dem sich Dorfbewohner und Familien gemeinsam ausruhen, wäre die unendliche Wurst des Arbeitsjahres unbewältigbar. Wenn man jeden Tag um die gleiche Zeit um Mittag eine Pause macht, gewöhnt sich der Körper daran und freut sich darauf. Wem das noch

Mitte Nachmittag und Vormittag gelingt, wird binnen einer Woche eine Leistungssteigerung bei geringerer Erschöpfung bemerken. Wem kein Ritual gelingt, der soll sich verlieben. Das ist die radikalste Anti-Arbeitsstressmaßnahme. Denn so kommt der Stress vom Altar herunter und der Geliebte, die Geliebte hinauf. Der Stress verhungert sozusagen auf den Altarstufen, da er gleichgültig geworden ist."

Stressrisiken

Das größte Stressrisiko ist gegeben bei

- ☹ widersprüchlichen Arbeitsaufträgen
- ☹ großen Arbeitsanforderungen wie zu viel Arbeit
- ☹ geringen Anforderungen an die berufliche Qualifikation
- ☹ wenig Selbstständigkeit bei der Arbeitsausführung
- ☹ wenig Unterstützung durch Kollegen und Vorgesetzte

(Quelle: Dr. Michael Lenert, Stress in der Arbeit,
Hrsg.: Kammer für Arbeiter und Angestellte für Wien)

Österreich liegt insbesondere beim Stressrisiko „zu viel Arbeit" statistisch gesehen ganz vorne. Die durchschnittliche Wochenarbeitszeit für Vollzeitbeschäftigte in Österreich ist mit 42,4 Stunden laut Eurostat die höchste in der ganzen EU. Da die Überstunden auf einen kleinen Teil der Arbeitnehmer konzentriert sind – auf 800.000 von 3,2 Millionen Beschäftigten –, kann man davon ausgehen, dass für so manchen mit 60 oder mehr Wochenstunden Arbeiten bis zum Umfallen angesagt ist. Im wortwörtlichen Sinn, denn mit einer hohen Überstundenbelastung steigt auch die Krankheitswahrscheinlichkeit. Abgesehen davon, dass sich die Frage stellt, ob der Output der Arbeit bei einer hektischen 60-Stunden-Woche wirklich besser ist, als wenn wir uns zwi- schendurch einmal durchstrecken, in die Luft schauen und unsere Gedanken wieder zur Ruhe kommen lassen oder einmal den Nachmittag im Park statt im Büro verbringen.

Neben dem Arbeitsdruck von außen scheint es aber auch so, dass viele für sich selbst Stress haben „müssen", denn nur so leisten sie für ihr Gefühl wirklich etwas. Wer hektisch von Besprechung zu Besprechung läuft, keine Zeit für private Treffen hat und um zehn Uhr abends von der Arbeit nachhause kommt – nicht ohne etwas Büroarbeit im Gepäck –, nachdem er unterwegs schnell einen

Imbiss im Gehen zu sich genommen hat, für den ist klar: Er hat etwas geleistet – und so definieren viele häufig ihren Wert. Wer allerdings seinen eigenen Wert zu sehr über die Arbeit definiert, gerät häufig unter Druck, der bald auch physisch und psychisch sichtbar wird, etwa durch hohen Blutdruck, Rückenschmerzen, Ängste und ein Gefühl der Leere. Im schlimmsten Fall schlittert man auf dieser Leistungs-Achterbahn schnurstracks in ein Burn-out, ein völliges physisches und psychisches Ausgebranntsein, aus dem man nur noch durch eine unfreiwillige Auszeit in Form eines monatelangen Krankenstands wieder herausfinden kann, meist nachdem man eine lange Phase der Leugnung hinter sich hat. Die Frage, ob man eine Auszeit nehmen will oder kann, stellt sich dann nicht mehr, eine Auszeit ist zu einem Muss geworden.

Die Stufen des Burnouts

- ☹ Burnout – Vorstufe: Extremes berufliches Engagement, das auch in die Freizeit hineinreicht. Private Interessen und Beziehungen werden hintangereiht. Als Warnsignale treten Angst, Langeweile, das Gefühl der Leere bei Nicht-Beschäftigung und ein geringes Erholungspotenzial auf.
- ☹ Burnout – Frühstadium: Zunahme von Wirbelsäulenbeschwerden und Infekten, die zu längeren Krankenständen, als sie davor üblich waren, führen. Gefühle von Sinnlosigkeit und Resignation, Zynismus. Flucht in äußere Aktivitäten, oberflächliche Vergnügungen und Rauschmittel wie Alkohol.
- ☹ Burnout – fortgeschrittenes Stadium: Die Arbeit wird schwieriger und macht wenig Freude, Fehler treten auf. Was einen früher geärgert, gekränkt oder gefreut hat, lässt einen zunehmend unbewegt. Urlaube bringen kaum mehr das Gefühl der Erholung.
- ☹ Burnout – voll ausgeprägt: Resignation, Gefühl der Sinnlosigkeit, Frustration und Einsamkeit nehmen überhand. Die Gefühlswelt ist völlig abgestumpft, verantwortungsvolle Tätigkeiten sind kaum noch möglich.

(Quelle: Dr. Günther Possnigg, www.burnoutnet.at)

Test: Bin ich burnoutgefährdet?

Beantworten Sie die Fragen nach Ihrem ersten Impuls und vergeben Sie durch Ankreuzen ☒ Punkte von ① bis ⑤.

① = trifft fast nie zu
② = trifft selten zu
③ = trifft manchmal zu
④ = trifft häufig zu
⑤ = trifft fast immer zu

	①	②	③	④	⑤
1. Ich habe allgemein zu viel Stress in meinem Leben.	☐	☐	☐	☐	☐
2. Durch meine Arbeit muss ich auf private Kontakte und Freizeitaktivitäten verzichten.	☐	☐	☐	☐	☐
3. Auf meinen Schultern lastet zu viel.	☐	☐	☐	☐	☐
4. Ich leide an chronischer Müdigkeit.	☐	☐	☐	☐	☐
15. Ich habe das Interesse an meiner Arbeit verloren.	☐	☐	☐	☐	☐
6. Ich handle manchmal so, als wäre ich eine Maschine. Ich bin mir selber fremd.	☐	☐	☐	☐	☐
7. Früher habe ich mich um meine Mitarbeiter und Kunden gekümmert – heute interessieren sie mich nicht.	☐	☐	☐	☐	☐
8. Ich mache zynische Bemerkungen über Kunden und Mitarbeiter	☐	☐	☐	☐	☐
9. Wenn ich morgens aufstehe und an meine Arbeit denke, bin ich gleich wieder müde.	☐	☐	☐	☐	☐
10. Ich fühle mich machtlos, meine Arbeitssituation zu verändern.	☐	☐	☐	☐	☐
11. Ich bekomme zu wenig Anerkennung für das, was ich leiste.	☐	☐	☐	☐	☐
12. Auf meine Kollegen und Mitarbeiter kann ich mich nicht verlassen, ich arbeite über weite Bereiche für mich allein.	☐	☐	☐	☐	☐
13. Durch meine Arbeit bin ich emotional ausgehöhlt.	☐	☐	☐	☐	☐

14. Ich bin oft krank, anfällig für körperliche Krankheiten beziehungsweise Schmerzen. ☐ ☐ ☐ ☐ ☐
15. Ich schlafe schlecht, besonders vor Beginn einer neuen Arbeitsperiode. ☐ ☐ ☐ ☐ ☐
16. Ich fühle mich frustriert in meiner Arbeit. ☐ ☐ ☐ ☐ ☐
17. Eine oder mehrere der folgenden Eigenschaften treffen auf mich zu: nervös, ängstlich, reizbar, ruhelos. ☐ ☐ ☐ ☐ ☐
18. Meine eigenen körperlichen Bedürfnisse (Essen, Trinken, WC) muss ich hinter die Arbeit reihen. ☐ ☐ ☐ ☐ ☐
19. Ich habe das Gefühl, ich werde im Regen stehen gelassen. ☐ ☐ ☐ ☐ ☐
20. Meine Kollegen sagen mir nicht die Wahrheit. ☐ ☐ ☐ ☐ ☐
21. Der Wert meiner Arbeit wird nicht wahrgenommen. ☐ ☐ ☐ ☐ ☐

Auswertung:

21 bis 30 Punkte: geringes Burnoutrisiko
31 bis 60 Punkte: beginnende Burnoutsituation
über 60 Punkte: Es ist dringend Zeit, etwas zu tun!

(Quelle: Dr. Günther Possnigg, www.burnoutnet.at)

Experten-Interview

Experten-Interview

Dr. med. Günther Possnigg, Facharzt für Neurologie und Psychiatrie, Psychotherapeut, über Auszeit bei Burnout

Die Burnoutgefährdung nimmt in den letzten Jahren immer mehr zu. Woran liegt das Ihrer Meinung nach und gibt es besonders gefährdete Personengruppen?

Viele Betroffene klagen einerseits über die Verrohung und Entmenschlichung der Arbeitswelt und andererseits darüber, dass sie in der Freizeit nicht mehr wirklich entspannen können. Dadurch entsteht insgesamt auf Dauer ein zu hoher Stresslevel, der uns permanent in einen vegetativen Anspannungszustand versetzt. Besonders gefährdet sind jene, die 1:1 mit anderen Menschen arbeiten, Friseurinnen ebenso wie Sozialarbeiter, Schalterbeamte in der Bank ebenso wie Krankenschwestern. Hier ist nicht so sehr der zeitliche Druck entscheidend, sondern dass sie immer auf ihr Gegenüber eingehen, sich einfühlen und reagieren müssen und sich oft schwer abgrenzen können. Auch das macht andauernden Stress.

Gibt es Zahlen darüber, wie viele Menschen an Burnout leiden?

Da Burnout wissenschaftlich gesehen ein sehr verwaschener Begriff ist, gibt es keine wirklich verwertbaren offiziellen Zahlen. Ich kann nur aus meiner Erfahrung und der Einschätzung von Mitarbeitern und Kollegen von Burnoutgefährdeten sprechen: Da glaube ich, dass man von 20 Prozent der Berufstätigen ausgehen kann. Aber das ist eine sehr subjektive Sache. Wer sich selbst als burnoutgefährdet bezeichnet, ist vielleicht für einen Gutachter „nur" zwänglich, angstvoll oder depressiv. Es wird noch lange Zeit brauchen, bis es hier wirkliche wissenschaftliche Daten gibt, da man noch nicht einmal eine allgemein verwendbare Fragenliste hat, um Burnout von Depression oder anderen primären psychischen Erkrankungen abzugrenzen.

Macht eine Auszeit bei Burnout Sinn?

Jede/r Burnout-Betroffene hat immer wieder Phasen, wo sie/er mehr oder weniger ausgebrannt, mehr oder weniger erschöpft oder zynisch ist. Wenn man sich bewusst macht, dass mit Burnout ein ständiger Konfrontations- und Verarbeitungsprozess einhergeht, hat eine Auszeit einen vernünftigen Platz. Es wäre aber ein Unsinn zu glauben, man nimmt ein Sabbatical von einem halben Jahr und danach ist alles okay. Denn die Menschen sind ja nicht aus Zufall burnoutgefährdet oder haben Burnout einfach so.

Wenn nicht aus Zufall, warum dann? Was sind die Ursachen für Burnout?

Ein hoher Leistungsanspruch, der, wenn es zu viel wird, zum Leistungsdruck wird. Und da liegt auch der Haken bei einem Sabbatical. Viele haben ja schon im Urlaub Probleme, wie sie die Zeit füllen. Wenn der Auszeitnehmer sich nicht auf diese Zeit vorbereitet und seinen eigenen Leistungsanspruch hinterfragt, fällt er in der Auszeit in ein Loch, das dann oft durch Krankheiten gefüllt wird, sodass eine unfreiwillige Auszeit die Folge ist. Es ist so wie bei jemandem, der am Wochenende Migräne hat oder im Urlaub erkältet ist.

Erklärt das, warum so mancher Auszeitnehmer am Anfang seines Sabbaticals krank wird?

Ja. Das Immunsystem ist so weit aufgebraucht, dass es gerade reicht, um in der Arbeit zu funktionieren. Lässt man die Arbeit los, kommt es häufig zu Infektionskrankheiten. Es wäre daher wichtig, in der Auszeit die Arbeit langsam „abzutrainieren“, denn ein intensiv Arbeitender ist mit einem Hochleistungssportler zu vergleichen, der auch nicht von einem Tag auf den anderen aufhören soll zu trainieren.

Wie kann man die Arbeit konkret abtrainieren?

Indem man sich vornimmt und einen konkreten Plan macht, langsam in die Auszeit zu gleiten, und anfangs noch aktiver ist als später. Man beginnt etwa mit Seminaren oder bei Reisen mit dem Besichtigungsteil, später folgt dann mehr und mehr Nichtstun. Anfangs könnte man sich 80 Prozent des gewohnten Leistungslevels vornehmen, in den nächsten Wochen 60 Prozent, bis man etwa auf 40 Prozent ist und nur noch das macht, was einem entspricht. Wichtig ist, darauf zu achten, dass man sich nicht in neuen Beschäftigungen verliert. Dass man in der Auszeit dann etwa vom Manager zum fanatischen Gärtner wird. Das wäre nur eine Verschiebung von Hochleistungsarbeit zu Hochleistungsfreizeit.

Gerade Menschen mit Burnout oder Burnoutneigung haben ja häufig verlernt, wahrzunehmen, was ihnen entspricht. Wie können sie das also wieder lernen?

Wenn man dabei ist, von 60 auf 40 Prozent zu reduzieren, ist es hilfreich, vermehrt auf die Sinneskanäle zu achten und sich die Frage zu stellen, ob man am liebsten hört oder riecht oder sieht oder schmeckt. Den jeweiligen Lieblingskanal kultiviert man dann. So könnte der eine ein Weinseminar machen, während der andere aktiv Musik hört. Genießen lernen!

Wozu könnte die Auszeit noch genutzt werden?

Es ist eine einmalige Chance, sich selbst kennen – und lieben – zu lernen, zu lernen, dass man etwas wert ist, ohne dass man etwas leistet. Sind Auszeitnehmer auf der niedrigsten Leistungsstufe angelangt, ist ihr Selbstwertgefühl enorm beschädigt, weil sie bis dato ja ihren eigenen Wert nur durch Leistung definiert haben. Psychotherapeutische Begleitung könnte helfen, den eigenen Wert anders zu erleben, weil man gerade in der Psychotherapie das Gefühl des Angenommenseins erleben kann.

Das Erleben des eigenen Werts in der Auszeit, ohne eine Leistung zu erbringen, könnte auch eine Vorbereitung auf die Pension sein, wo man vor derselben Aufgabe steht?

Ja, ich erlebe auch immer häufiger in meiner Praxis, dass Menschen vor der Pension stückweise in eine Auszeit gehen und Interessen außerhalb der Arbeit zu kultivieren beginnen.

Was kann man tun, um nach der Auszeit erfolgreich wieder in die Arbeit einzusteigen? Es hilft ja nichts, einmal eine Auszeit zu machen und hinterher ist alles wie vorher.

Man sollte in der Auszeit vermehrt private psychische und energetische Ressourcen wahrnehmen und stärken. Außerdem kann es hilfreich sein, neue Glaubenssätze aufzuschreiben und sie sich immer wieder vor Augen zu halten wie zum Beispiel „Ich bin o. k., so wie ich bin." oder „Ich kann auch langsamer ans Ziel kommen." oder „Ich mache meine Arbeit auch gut, wenn ich delegiere."

Da Burnout, wenn der Arzt es diagnostiziert, als Erschöpfungssyndrom ebenso wie Depression, Schlafstörung oder chronisches Müdigkeitssymptom oder psychosomatische Störung erfasst wird, lassen sich keine eindeutigen Zahlen nennen, wie viele Krankenstände aufgrund dessen anfallen. Laut pro mente austria sind jedenfalls mittlerweile zwei Millionen der insgesamt 36 Millionen Krankenstandstage auf seelische Probleme zurückzuführen. Eine Zahl, die in letzter Zeit stark zugenommen hat und langsam auch Unternehmen aufrüttelt, da sie neben dem persönlichen Leid des Betroffenen auch für die Unternehmen von wirtschaftlicher Relevanz ist. Denn die durchschnittliche Krankenstandsdauer bei psychischen Erkrankungen beträgt 30 Tage im Vergleich zu zwölf Tagen als Durchschnitt bei allen Erkrankungsarten.

Die burnoutähnlichen Phasen, die geschätzte zwanzig Prozent der Erwerbstätigen in Österreich durchlaufen, werden allerdings häufig nicht als solche vom Betroffenen erkannt oder vom Arzt diagnostiziert. So mancher, der in eine Auszeit geht, weiß anfangs daher nicht, dass hinter seinem Erschöpfungsgefühl in Wirklichkeit Burnout steckt.

Erfahrungsbericht

Auszeit auf Lebenszeit

Christa-Madhu Einsiedler, ehemalige Unternehmensberaterin, ist zunächst ein Jahr ausgestiegen, bis später die Auszeit auf Lebenszeit zur einzigen Möglichkeit wurde.

Ich habe 1992 das Studium in Linz abgeschlossen, eine Woche danach meinen MBA in den USA begonnen, bin kurz darauf nach Japan geflogen, dann zurück, um den MBA abzuschließen, dann ein halbes Jahr Prag, da schon beim international tätigen Unternehmensberater Accenture (ehem. Andersen Consulting), für den ich dann lange Jahre gearbeitet habe, dann wieder zurück in die USA, dann die Fixanstellung bei damals Andersen Consulting in Frankfurt, gleich mit dem ersten Projekt in Berlin. Schneller Aufstieg, ständig auf Achse, kaum je Urlaub, von einem Projekt zum nächsten – das ging sechs Jahre lang so. Es war eine sehr reiche und intensive Zeit, und am Ende war ich dem Burnout nahe. Als ich 1998 eine Atemtherapieausbildung begonnen habe, begann ich die Welt durch eine andere Brille zu sehen. Meine Werte haben sich woanders hinentwickelt und ich habe erkannt, dass ich viele Freunde verloren habe, weil ich fast nur unterwegs war, dass ich meine Freizeit mit Wäsche waschen und schlafen verbringe und nirgends zuhause bin.
1999 habe ich dann bei damals Andersen Consulting ein Work-Life-Balance-Projekt geleitet, nicht zuletzt aufgrund meiner eigenen Burnoutgefährdung. Wir hatten verschiedene Maßnahmen von Leadershipseminaren über Sport- und Ernährungsprogramme bis zum Sabbaticalmodell entwickelt, doch vier Wochen vor der Umsetzung wurde das Projekt gestoppt. Die Zeit war damals noch nicht reif dafür, heute sind die Maßnahmen umgesetzt. Auf meinen eigenen Auszeitwunsch vor dem Projekt reagierte mein Vorgesetzter mit der Befürchtung, dass ich nicht wiederkommen würde. Nach dem Projekt nahm ich dann doch zwei Monate unbezahlten Urlaub und habe

in der Zeit eine NLP-Ausbildung gemacht. Zurück im Unternehmen hat es nicht lang gedauert, bis ich festgestellt habe, dass die Firma und ich uns auseinander gelebt hatten, wie es so schön heißt. Obwohl es mir schwer gefallen ist, „meine" Firma zu verlassen, habe ich schließlich gekündigt. Ich war einfach innerlich sehr müde und konnte mich für nichts mehr begeistern.

Danach, im März 2000, habe ich zusammen mit meinem Mann, der ein Monat später das Unternehmen verlassen hat, meine Auszeit begonnen. Mein Ziel war, erst wieder zu arbeiten zu beginnen, wenn ich wieder Lust drauf habe. Das war finanziell möglich, weil wir Ersparnisse hatten, unsere Jobs waren ja sehr gut bezahlt. Wir haben beschlossen, nicht wegzufahren, sondern eine Wohnung in Wien einzurichten. Mein Mann ist Deutscher, ich bin aus Linz, jetzt haben wir in Wien begonnen, einen Freundeskreis aufzubauen. Wir sind auch viel einfach am Sofa gesessen und haben nichts gemacht. Das war teilweise extrem anstrengend. Da tauchen Fragen auf wie „Wer bin ich, wenn ich nicht arbeite?". Auch die Umgebung war manchmal irritiert, dass wir nichts tun und erst wieder arbeiten wollen, wenn wir Lust drauf haben. Da waren Gespräche oft schnell zu Ende.

Es hat lange gedauert, bis ich wieder Lust auf Arbeiten hatte. Mein Mann und ich haben uns schließlich im Mai 2001 selbstständig gemacht. Die erste Zeit war sehr schwierig, dann aber ist es sehr gut gelaufen, bis ich eine schwere Zahnoperation hatte, von der ich mich drei Monate lang nicht erholt habe. Da hatte ich das erste Mal aufgegeben, vorher hatte ich immer gekämpft. Danach bin ich nicht mehr richtig ins Geschäft zurückgekommen. Der totale Zusammenbruch kam ein Jahr später und begann mit zwei Wochen schwerem Fieber. Ich war physisch und psychisch am Ende, der Arzt brachte mich darauf, dass ich wieder im Burnout gelandet war. Da hab ich beschlossen, dass ich zu arbeiten aufhöre und eine lebenslange Auszeit beginne. Ich war 40 Jahre und so erschöpft, dass die Wäsche zu waschen und den Hund rauszulassen mir schon zu viel war. Zu arbeiten aufzuhören war daher nicht mutig, sondern lebensnotwendig. Im Nachhinein weiß ich, dass ich mich nie richtig erholt habe und die Selbstständigkeit das Fass endgültig zum Überlaufen gebracht hat. Die Frage, wer ich bin, wurde damit existenziell.

Meine Rolle veränderte sich komplett. Ich war nicht mehr die Zielorientierte wie all die Jahre davor, habe zu schreiben begonnen, alleine deshalb, weil es mir guttut, und ohne zu wissen oder zu planen, wohin es führen könnte. Das Schreiben ist ein großer Meister, denn es funktioniert nicht, wenn ich mich überfordere. Ich habe ein Jahr gebraucht, um meinen Rhythmus zu finden und nach außen zu verteidigen und zu lernen, zu dem zu stehen, was mir guttut. Derzeit mache ich nur, was im Moment zu tun ist, und versuche, dem Fluss des Lebens Raum zu geben. Es ist wie nach dem Studium: Alles ist wieder möglich. Ich weiß nicht, was kommen wird. In jedem Moment konzentriere ich mich darauf, mit meinen neuen Energien respektvoll umzugehen. Mein Herz brennt wieder, und diesmal nicht für ein Ziel, sondern für den Weg: Ich lerne Drehbuchschreiben und schreibe an meinem ersten Drehbuch.

Arbeitssucht

„Ob es auch ohne mich geht?" „Ich habe 80 Stunden und mehr pro Woche gearbeitet." Sätze wie diese fielen in einigen Auszeitinterviews. Kaum jemand bezeichnet sich selbst aber als arbeitssüchtig. „Leistungsorientiert" ist die Schminke, die sich darüber legt. Wann aber spricht man wirklich von Arbeitssucht? Ist es wirklich eine Sucht, ein krankhaftes Verhalten? Dass es dazu jedenfalls einen Leidensdruck gibt, davon zeugt die Tatsache, dass es zum Thema mittlerweile zahlreiche Selbsthilfegruppen gibt.

So erkennen Sie Arbeitssucht

- ☹ Sie haben Angst vor der Arbeit und brauchen lange, um endlich anzufangen.
- ☹ Sie können sich nicht auf die Arbeit konzentrieren und verzetteln sich oft.
- ☹ Sie nehmen sich viel zu viel vor und arbeiten bis zur völligen Erschöpfung.
- ☹ Sie beurteilen sich und Ihren Tag fast ausschließlich nach der Menge der geleisteten – mehr noch der nicht geleisteten – Arbeit.
- ☹ Ihr Perfektionsanspruch lähmt Sie oft völlig bei der Arbeit.
- ☹ Sie weisen Kontakte, Einladungen und Unternehmungen mit dem Hinweis auf „zu viel Arbeit" zurück.
- ☹ Sie können zwischen Freizeit und Arbeitszeit nicht trennen und denken auch in der Freizeit dauernd an die Arbeit (und umgekehrt).
- ☹ Sie stehen häufig unter Zeitdruck.
- ☹ Sie möchten möglichst viel in kurzer Zeit und mit geringem Aufwand erreichen.
- ☹ Sie glauben, „erst etwas leisten" zu müssen und sich Ihr Lebensrecht durch Arbeit beweisen zu müssen.
- ☹ Sie schämen sich Ihrer Arbeitsschwierigkeiten oder Arbeitssucht und wollen mit niemandem darüber sprechen.

(Quelle: Selbsthilfegruppe für anonyme Arbeitssüchtige: www.arbeitssucht.de)

Kann ich oder kann ich nicht?

Nun haben Sie den wichtigsten Punkt abgehakt: Das Ja zur Auszeit ist da. Sie wissen, Sie wollen eine Auszeit nehmen, um Ihre berufliche Situation zu überdenken oder einen lang gehegten Traum zu verwirklichen. Oder Sie müssen, weil Ihre Batterien ausgebrannt sind und Auftanken dringend angesagt ist.

Machen meine Finanzen mit?

Die Frage aller Fragen ist für die meisten aber nun – es sei denn, Sie zählen zu den gut bezahlten österreichischen Führungskräften der ersten Ebene mit einem Einkommen von durchschnittlich 245.000,– Euro im Jahr (Quelle: Studie Führungskräfte in Österreich 2006, Kienbaum Management Consultants Wien) –, wie sich eine Auszeit finanziell ausgehen kann. Das ist das größte „Aber", das den Auszeitwilligen auf der Seele brennt bzw. bald am Konto. Insbesondere dann, wenn man die Auszeit nicht zuhause mit Bücherlesen und Spazierengehen verbringen möchte, sondern die Welt bereisen oder im Ausland leben möchte.

Dass aber dennoch auch das Finanzielle bewältigbar sein kann, haben schon viele bewiesen. Je dringender man einen Auszeitwunsch umsetzen möchte, umso eher scheint sich auch der finanzielle Weg zu finden. Dass für Sie eine Auszeit auch klappen kann, dafür soll Ihre Fantasie ein wenig angeregt werden. Mehr Geld lukrieren oder Kosten sparen – das sind die beiden Königswege.

Checkliste: Setzen Sie den Rotstift an!

Nettoeinkommen monatlich bis jetzt:	Euro ....
Nettoeinkommen monatlich während der Auszeit:	Euro ....
Differenz:	Euro ....

Diese Summe müssen Sie also bei Ihren Ausgaben einsparen.

Bei welchen Posten könnte das möglich sein? Welche Fixkosten haben Sie und welche ließen sich reduzieren?

- ☺ Miete/Betriebskosten
- ☺ Telefon Festnetz
- ☺ Telefon Handy
- ☺ Internet
- ☺ Energiekosten (z. B.: Gas, Strom, Fernwärme)
- ☺ Rundfunk/Fernsehen
- ☺ Kabelfernsehen
- ☺ Kfz-Kosten (Benzin, Versicherung, Steuern, Service, Wartung, Garage, Parkgebühren, Strafzettel etc.)
- ☺ Öffentliche Verkehrsmittel
- ☺ Versicherungen (Kranken, Unfall, Haushalt etc.)
- ☺ Kreditraten
- ☺ Leasingraten
- ☺ Bausparvertrag
- ☺ Kindergarten/Hort
- ☺ Haushaltskosten: Nahrungsmittel, Reinigungsmittel, Medikamente
- ☺ Geschenke
- ☺ Bekleidung
- ☺ Kosmetika
- ☺ Freizeit: Kultur, Sport etc.
- ☺ Vereinsbeiträge
- ☺ Urlaub
- ☺ Rauchen
- ☺ Alimente

Kleine, aber wirkungsvolle Einsparpotenziale

☺ Zeitungen nicht mehr kaufen, sondern in der Bibliothek lesen

☺ Trennen Sie sich von Dingen, die Sie ohnehin nicht mehr brauchen. Verkaufen Sie Ihre Kleidung im Secondhand-Laden, wenn Sie sie seit mehr als drei Jahren keines Blickes mehr gewürdigt haben.

☺ Verkaufen Sie Ihre Bücher, die Sie nie wieder lesen werden, im Internet: www.amazon.de, www.onetwosold.at.

☺ Spüren Sie Bücher auf öffentlichen Plätzen auf und haben Sie Spaß dabei, statt alle Bücher zu kaufen. Immer mehr Bücher – auch in Österreich – werden mit dem System des Bookcrossings in die Freiheit entlassen, auf dass sie weitere Leser finden. In Internetdatenbanken kann der Weg der registrierten Bücher verfolgt werden: www.bookcrossing.at.

☺ Vermieten Sie ein Zimmer in Ihrer Wohnung. Etwa wenn die Kinder ohnehin nur noch dreimal im Jahr nachhause kommen.

☺ Wie wär's mal mit einem Leben ohne Fernseher? Probieren Sie, eine Woche ohne Fernsehen zu verbringen. Glauben Sie mir, eine sehr interessante Erfahrung. Vielleicht haben Sie danach Lust, ihn in der Auszeit abzumelden oder gar zu verkaufen.

☺ Lassen Sie Ihre Haare wachsen oder von der Freundin schneiden. Lachen Sie nicht. Ikea-Gründer Ingvar Kamprad, vom US-Magazin Forbes als viert-reichster Mann der Welt gereiht, lässt sich von seiner Frau die Haare schneiden. Finanztechnisch kann man von dem Mann doch etwas lernen, oder?

☺ Setzen Sie nicht auf Lotto, Rubbellose und andere Glücksgewinnchancen. Die Wahrscheinlichkeit, beim Lotto die sechs Richtigen zu tippen, liegt bei 1:8.000.000.

Web-Tipp *In den Vereinigten Staaten etabliert sich gerade die Bewegung der „Freegans". Sie haben es sich zum Ziel gemacht, von den Abfällen anderer zu leben, und setzen auf Abfalltaucherei, um damit ein Zeichen gegen Überfluss und Verschwendung zu setzen.* www.freegan.info

Die Psychotherapeutin Heidemarie Schwermer gab ihre Wohnung und Praxis auf und wohnt seither in Häusern und Wohnungen von Menschen, die auf Reisen sind. Was sie zum Leben braucht, ertauscht sie sich. Wie das genau funktioniert, hat sie in einem Buch festgehalten.

Buch-Tipp *Heidemarie Schwermer, Das Sterntalerexperiment, Mein Leben ohne Geld, Riemann Verlag, 2001*

Vermutlich nicht jedermanns Sache, aber Sie müssen es ja nicht gleich so radikal machen. Wie wäre es mit Tauschkreisen? Sie erfreuen sich auch in Österreich wachsender Beliebtheit. Der „Schöpfer" als Währung in der Wiener Schöpfwerksiedlung hatte schon bald nach der Gründung 1996 viele Nachahmer. Bezahlt wird in den Tauschkreisen in „Talenten" oder mit Produkten statt mit Geld, das in Wirklichkeit ja ohnehin nicht existiert ... So jedenfalls die provokante Sicht von Karl Gamper, die er in seinem Buch „So schön kann Wirtschaft sein" darstellt. Und wie begründet der Businesscoach seine These? „Wir alle haben höchstens ein Stück Papier oder Metall in der Hand gehabt. Auf diesem steht ein Wert, an den wir glauben müssen! Würde auf dem Papier kein Geldwert stehen, an den Sie glauben müssen, dann wäre es eben kein ‚Geld' mehr; und von den 500 Euro bliebe höchstens der Papierwert – der Ihnen vielleicht nichts wert ist." Gamper hält es mit Goethe, der Geldschöpfung als alchimistischen Prozess beschrieben hat. Denn „das Wesen der Alchimie besteht darin, aus etwas weniger Wertvollem etwas Wertvolles zu machen. Aus Blei beispielsweise Gold. Doch was könnte aus diesem Verständnis alchimistischer sein, als aus einem Stück Papier einen 1000-Dollar-Schein zu machen?"

Web-Tipp *Auf* www.tauschkreise.at *finden Sie Tauschkreise in jedem österreichischen Bundesland.*

Sie wollen nicht sparen, sondern es sich in der Auszeit genauso gut gehen lassen wie immer? Dann müssen Reserven angezapft oder Besitztümer wie das Auto oder die Wohnung verkauft werden. Die wenigsten aber entschließen sich zu derart radikalen Schritten.

Was hingegen für Auszeitnehmer öfter eine Überlegung wert ist, ist die Frage nach der vorzeitigen Auflösung einer Lebensversicherung. Dazu sollte man wissen, dass aufgrund der Zinseszinsrechnung die wirklich guten Erträge erst bei voller Laufzeit erzielt werden. Außerdem muss man bei vorzeitiger Auflösung mit einem Rückkaufsabschlag von ein paar Prozent rechnen. Wer also nicht dringend das Kapital braucht, fährt wirtschaftlich besser damit, die Lebensversicherung stillzulegen. Die ausgesetzte Prämiensumme kann später nachgezahlt werden oder die am Ende der Laufzeit ausgezahlte Summe reduziert sich dementsprechend. (Quelle: Wiener Städtische)

Erfahrungsbericht

Selbstsorge statt Selbstvorsorge

Edith Grandits, 50-jährige Osteopathin, spart auf eine Auszeit. Trotz Selbstständigkeit und daher ohne finanzielle Absicherungsmöglichkeit durch Arbeitgeber oder AMS will sie es schaffen, einmal ein Jahr lang nur ihrem persönlichen Rhythmus zu folgen.

Ich habe mit viel Aufwand einen Keller zu einer eigenen Praxis umgebaut. Das war mein Traum. Seitdem stand die Arbeit und die Lust, Neues auszuprobieren, an erster Stelle. Meine damalige Beziehung ist daran zerbrochen, denn ich hatte das Gefühl, immer für meine Klienten da sein zu müssen, und habe viel an Zeit nach ihnen gerichtet. Was letztendlich ziemlich ausufernd war, weil die Klienten nicht wirklich geschätzt haben, dass ich sie um acht Uhr früh ebenso wie um acht Uhr abends oder samstags eingeschoben habe. Also habe ich noch etwas draufgelegt, um die gewünschte Wertschätzung zu bekommen.

Irgendwann habe ich dann gemerkt, dass das so nicht geht, dass ich das einschränken muss. Ich habe mich zu sehr über die Arbeit definiert und mich zu viel auf die Befriedigung der Wünsche meiner Klienten konzentriert. Das war ein Schrei nach Wertschätzung, aber im Grunde war ich diejenige, die sich nicht genug geschätzt hat.
Der Umbruch kam, als ich meinen jetzigen Mann kennen gelernt habe. Da hat sich plötzlich jemand für mich interessiert, unabhängig davon, was ich arbeite, und ich begann mich zu fragen, ob es da nicht noch etwas anderes gibt, außer mich in meiner Praxis im Keller zu vergraben und preisgünstig die Welt zu heilen. Gibt es da etwa auch mich?
Ich habe mich dann damit auseinandergesetzt, was eigentlich mein Rhythmus ist, wie ich mir meine Arbeit einteilen will, ob ich wirklich von Montag bis Freitag den ganzen Tag arbeiten will. Wenn ich schon freiberuflich ar-

beite, warum nutze ich diese Gestaltungsmöglichkeit dann nicht? Ich habe viel experimentiert und bin jetzt bei regelmäßigen freien Halbtagen gelandet. Um der Versuchung leichter zu widerstehen, in der geplanten freien Zeit doch jemanden einzuschieben, habe ich zusätzlich begonnen, meinen Praxisraum zu vermieten. Das werde ich so machen, bis ich gelernt habe, das Ausufernde einzuschränken und mich an erste Stelle zu setzen. Das ist jetzt das erste Mal seit 1980, dass ich mir einen halben freien Tag zugestehe. Ich bin in dieser Hinsicht auch sehr geprägt durch meine Eltern, die eine kleine Firma hatten und wo immer der andere (der, der zahlt) bestimmt hat, wie die Arbeit aussieht. Kam ein kurzfristiger Auftrag, wurde schon mal das ganze Wochenende durchgearbeitet und wer konnte, hat mitgearbeitet. Die größte Wertschätzung meiner selbstständigen Arbeit gegenüber kam dann naturgemäß von meinen Eltern. So wurde mein ausuferndes Arbeitsmuster bestätigt.

Mit der Auszeit sollte es sein wie bei den Weinbauern in Frankreich. Um sich vor Überfluss an Alkohol zu schützen, machen sie einen Tag pro Woche Auszeit vom Alkohol, ebenso eine Woche im Monat und ein Monat im Jahr. In weiterer Konsequenz müsste es ein Jahr geben.
So ein Sabbatical könnte dazu dienen, seinem eigenen Rhythmus folgen zu können, zu schauen, was sonst an Potenzial noch da ist. So ein Freijahr würde ich mir unglaublich gerne nehmen, denn ich habe Sehnsucht auf ein Jahr, das gänzlich mir gehört, in dem ich mich treiben lassen kann. Das klingt nach einem paradiesischen Zustand, den ich gerne kennen lernen würde. Es wäre nicht so wie jetzt, wo ich ein schlechtes Gewissen habe, entweder weil ich an einem freien Tag nicht alles erledigt habe oder weil ich an meinem freien Tag so viel erledigt habe. Ich stelle mir vor, dass sich in einem Freijahr die Möglichkeiten und die Zeit ausdehnen, dass man überschwemmt wird von Zeit, dass man innerlich langsamer wird. Da könnte man Unbegrenztheit in positivem Sinne leben.

Ich war einmal vier Wochen auf Urlaub in Thailand, da konnte man egal wann frühstücken. Das war ein unglaubliches Gefühl: Alles, was ich brauche, ist da in dem Moment, wo ich es brauche, und ohne dass es geregelt werden muss. So ähnlich stelle ich mir das dann im Freijahr auch vor. Jetzt unterliegt meine Zeit ja einer ständigen Termineinteilung. Ich glaube, man muss sich aber auch hüten vor einem Heilsanspruch an dieses Jahr, weil es frustrierend wäre, wenn die Erwartungen dann nicht erfüllt werden.

Es stellt sich natürlich die Frage, wie man so ein Freijahr finanziert. Das eine Jahr könnte ich noch schaffen. Ich könnte eine gewisse Summe für dieses Freijahr zurücklegen. Geld, das ich sonst als Sicherheit für Eventualitäten wie eine kaputte Therme gespart hätte. Wenn ich sehr konsequent bin, könnte ich das kontrollieren. Nur wenn ich dann auch im Freijahr Steuervorauszahlung leisten muss, schaffe ich das sicher nicht. Seit Kurzem bin ich am Ansparen für dieses eine Jahr, für das ich zwei Ansparjahre eingeplant habe.

Was nach diesem Jahr kommt, ist schwerer kontrollierbar. Darauf müsste ich absolut vertrauen. Dass die Energie, die ich schöpfe aus dem Jahr, dann wieder Gutes, Neues bringt für die Arbeit. Ich flüchte ja nicht vor der Arbeit, weil sie ungeliebt ist – im Gegenteil: Was ich jetzt mache, ist genau meines und mache ich gern –, sondern ich möchte neu auftanken und ich würde einfach gern mal keine gut funktionierende Maschine sein. Es ist ohnehin immer genug Arbeit da. Auch Terminvergaben für nach dem Urlaub funktionieren ja, wenn sie lange genug angekündigt sind. Und wenn keiner kommt, fange ich eben wieder von vorne an. Im Grunde ist es absolut machbar. Aber man hört ja häufig das Argument, dass man nicht lange von der Arbeit weg sein soll, weil man dann nicht mehr reinkommt, weil der Nächste kommt, der einem das Futter wegnimmt.

Wenn ich mal ein paar Tage weg bin, höre ich schon, dass ich dauernd weg bin und ob ich nichts arbeite. Arbeit hat schon einen deutlich höheren Stellenwert als Nicht-Arbeit. Auch wenn Arbeit nicht „hell" ist, allein sie zu haben, ist „hell". Wenn ich ein Jahr nichts arbeite, werden alle sagen: Dir geht's gut. Ich sehe schon, dass ich mich rechtfertigen muss, obwohl ich es mir ja ohnehin selbst finanziere.

Letztes Jahr habe ich eine Woche Urlaub zuhause gemacht, weil ich sehen wollte, wie man lebt, wo man lebt: Da bin ich unter der Woche um zehn Uhr vormittags am Naschmarkt gewesen und im Lainzer Tiergarten, den ich bis dahin erst zweimal gesehen hatte. So war es mal nicht das Wochenende, das alles abdecken muss. Man muss nicht von dort fliehen, wo man lebt. Ich müsste in der Auszeit wahrscheinlich gar nicht wegfahren.

Macht meine Familie mit?

Eine Auszeit ist zwar häufig das Projekt einer einzigen Person, aber dennoch betrifft es meist mehr als nur eine Person. Da sind die Eltern, die sich Sorgen machen, ob man durch eine Auszeit seinen Arbeitsplatz verlieren könnte. Da sind gute Freunde, die unerwartet ablehnend reagieren, weil sie selbst gerne einmal den Arbeitstrott hinter sich lassen würden, aber nicht den Mut dazu haben und es daher insgeheim auch dem anderen nicht aus vollem Herzen gönnen. Und im Falle einer Partnerschaft stellt sich natürlich die Frage, wie man ihn oder sie am besten in die Idee einer Auszeit einbindet. Ist einem klar, dass man die Zeit alleine für sich nutzen und vielleicht länger verreisen möchte, ist rechtzeitig ein Gespräch mit dem Partner anzuraten. Denn sich im stillen Kämmerlein alle Auszeitdetails inklusive längerem Auslandsaufenthalt auszumachen, birgt die Gefahr, dass sich der Partner ausgeschlossen fühlt und Ihr Auszeitanliegen boykottiert – ob offen oder versteckt – statt es zu unterstützen. Die Offenbarung, dass Sie für einige Monate eine Fernbeziehung beschlossen haben, wird im Regelfall Angst vor Entfremdung und Liebesverlust und möglicherweise Eifersucht beim Partner auslösen. Dass ein längeres Getrenntsein auch ein Hintersichlassen des Beziehungstrottes und die Chance auf aufregende Wiederbelebung der Beziehung bedeuten kann, kann sicher eher so gesehen werden, wenn das Projekt partnerschaftlich beschlossen wird.

Tipp *Auch wenn Sie alleine eine Auszeit machen möchten, betrachten Sie es dennoch als gemeinsames Projekt mit Ihrem Partner und sprechen Sie rechtzeitig mit ihm/ihr über Ihre Pläne.*

Wenn Sie mit Ihrem Partner gemeinsam eine Auszeit machen wollen, kann passieren, was viele auch in der Pension oder in einem längeren Urlaub erleben. Es kann ein Vergnügen und helle Freude sein, endlich die gemeinsamen Interessen miteinander so intensiv leben zu können. Man kann dabei aber ganz im Gegenteil auch draufkommen, dass die 24-Stunden-Rundum-Anwesenheit des Partners nicht die ersehnte Erfüllung, sondern Gereiztheit mit sich bringt.

Achtung! **Plötzlich so viel Zeit mit dem Partner zu verbringen, ist nicht jedermanns Sache. Es ist ein bekanntes Phänomen, dass die Streitquote im Urlaub steigt, ähnliches Risikopotenzial birgt auch eine gemeinsame Auszeit.**

Auszeit mit oder ohne Partner?

Diese Fragen könnten helfen:

☺ Erinnern Sie sich an Ihre gemeinsamen Urlaube. Ist der Streitpegel gesunken oder gestiegen?

☺ Wie viel Zeit brauchen Sie im Alltag für sich alleine? Haben Sie diese Zeit ausreichend zur Verfügung, oder sehnen Sie sich danach, in der Auszeit genau das einmal zu erleben?

☺ Möchten Sie Ihre Unabhängigkeit stärken und deshalb Ihr Projekt alleine durchziehen?

☺ Ist das, was Sie in Ihrer Auszeit machen wollen, mit hoher Wahrscheinlichkeit etwas, was den Interessen des Partners entspricht? Wenn nein, sollten Sie einen Wandermuffel nicht vom Jakobsweg überzeugen und einen Balkonurlauber nicht von der Weltreise. Sie haben dann mit Garantie nicht den gewünschten Auszeiteffekt.

☺ Haben Sie im Grunde Ihres Herzens schon jemanden, mit dem Sie gerne Ihr Auszeitprojekt umsetzen möchten? Mit der Schwester, Freundin oder Cousine? Nicht immer ist der eigene Lebenspartner für alles am besten geeignet. Warum auch? Er oder sie ist ja keine eierlegende Wollmilchsau, die alle Ihre Bedürfnisse erfüllen muss. Vielleicht schätzen Sie seine Zuverlässigkeit, für Ihr Auszeitprojekt möchten Sie aber jemand Spontaneren. Vielleicht schätzen Sie ihren Sinn für Ästhetik, aber für Ihr Tibet-Trekking bevorzugen Sie jemanden, der sich auch drei Tage im gleichen Outfit und ohne Dusche wohlfühlt.

Auszeit mit Kindern

Auch für Kinder bringt die Auszeit eines Elternteils eine Veränderung mit sich. Wer die Auszeit zuhause verbringt, hat dann zwar viel mehr Zeit für die Kinder, dennoch muss das nicht unbedingt ungebremste Begeisterung bei allen Beteiltigten hervorrufen. Kleinere Kinder genießen diese Tatsache vielleicht eher, die Teenagertochter hat sich aber vielleicht daran gewöhnt, beim Frühstück langsam und alleine zu erwachen, unterstützt von Lieblingsmusik und Lieblingscomics. Die jausenbrotschmierende Mutter kann daher trotz aller guter Absichten auch als Störfaktor empfunden werden.

Wollen Sie in Ihrer Auszeit unterwegs sein, etwa eine längere Reise machen, stellt sich die Frage, ob es Sinn macht und ob es außerdem möglich ist, die Kinder – etwa über die Schulferien hinaus – mitzunehmen.

Tipp *Wer schulpflichtige Kinder auf eine längere Reise mitnehmen möchte, hat in Österreich die Möglichkeit, sein Kind selbst zu unterrichten. Häuslicher Unterricht ist nicht nur Lehrern vorbehalten, sondern diesen kann jeder erteilen, der den Bezirksschulrat davon überzeugen kann, dass er die entsprechenden Lehrinhalte vermitteln kann. Ihr Kind muss im Falle einer Genehmigung am Ende des Schuljahres eine Prüfung an einer öffentlichen Schule ablegen.*

Auszeitreise mit Kindern oder ohne Kinder?

Diese Fragen könnten bei der Entscheidung helfen:

☺ Gibt es eine Person Ihres Vertrauens, die in Ihrer Abwesenheit Ihr Kind betreuen kann, ohne dass Sie sich unterwegs ständig Gedanken machen, ob es gut aufgehoben ist?

☺ Ist Ihr Kind in der Lage, eine längere Trennung von Ihnen ohne Schaden zu verkraften? Oder hat es möglicherweise gerade noch damit zu tun, eine andere Trennung zu verdauen, oder ist es gerade in einer Phase, wo es überdurchschnittlich viel Unterstützung von Ihnen braucht?

☺ Ist Ihr Programm kindgerecht? Oder haben Sie ein zu dichtes Kulturprogramm oder zu lange Wanderrouten eingeplant?

☺ Wollen Sie wirklich Ihr Kind selbst unterrichten? Auch wenn es sich um Volksschulinhalte handelt, kann der Unterricht einen wesentlichen Teil der Auszeit beanspruchen. Und wollten Sie nicht eigentlich Zeit für sich und ohne Verpflichtungen haben?

☺ Wird Ihr Kind begeistert sein, von Ihnen unterrichtet zu werden? Oder verdreht es schon im Alltag regelmäßig die Augen, wenn Sie ihm erklären wollen, wie einfach doch das Einmaleins ist? Dann sind Sie vielleicht nicht der ideale Pädagoge und sollten von häuslichem Unterricht absehen.

Wie sich eine Auszeit auf die Familie auswirken kann, zeigt das Beispiel der Familie Gerdenits. Die Mutter zog für ein halbes Jahr aus der Familienwohnung aus, um in Ruhe ihre Bücher schreiben zu können und den Kochkünsten ihres Mannes zu entfliehen, weil sie in der Auszeit auch abnehmen wollte. Die Auszeit von der Familie bedeutete für alle Familienmitglieder auf eine gewisse Weise eine Auszeit.

Erfahrungsbericht

Unendlich Zeit haben – eine Herausforderung

Elfriede Gerdenits, Geschäftsführerin von Business Coaching Partners, nahm mit 47 Jahren eine sechsmonatige Auszeit von ihrem Unternehmerinnendasein und von ihrer Familie.

Auszeit von der Familie hat in meinem Fall bedeutet, dass ich mir eine winzige Wohnung gemietet habe, um dort meine sechs Monate Auszeit zu verbringen. Bisher habe ich mit meinem Ex-Mann und unseren beiden Kindern (21 und 17) in einem riesengroßen Designerhaus gelebt und bin in Wohnkomfort geradezu untergegangen. Meine Sabbatical-Wohnung bot auf zwei Zimmern mit Beserlbalkon ein ziemliches Kontrastprogramm. Die Konsequenz daraus: Ich habe begonnen, meine eigenen Wohnansprüche zu hinterfragen. Die hohen Wohnkos-ten haben dazu beigetragen, dass ich immer unter großem Einkommensdruck gestanden bin (mein Mann natürlich auch), was uns beide ziemlich gestresst hat. Bisher schien es mir undenkbar, meine Ansprüche in diesem Bereich zurückzuschrauben. Mittlerweile aber überlegen wir, wie wir mehr Lebensqualität in Form von Zeit haben könnten.

Sabbatical von der Familie bedeutet auch, seine Partnerschaft aus der Distanz und etwas objektiver betrachten zu können. Uns hat das sehr gut getan. Das Bewusstsein, sehr gut allein zurechtzukommen, aber lieber mit einem Partner leben zu wollen, weil's einfach schöner ist, bringt freieres Denken in eine Beziehung (besonders in eine alte, unsere dauert immerhin schon 33 Jahre). Bei uns ist auch einiges an Unverarbeitetem aufgepoppt, was wir in dieser Zeit gut aufarbeiten konnten. Es macht einen Riesenunterschied, ob er bei ihr oder sie bei ihm zu Gast ist – das hat vermutlich irgendwas mit Revieransprüchen zu tun – man verhält sich einfach anders. Und wenn's echt kracht, kann einer „nach Hause gehen" und der andere „bleibt zu Hause". Außerdem schafft Entzug ja auch Bedarf, wie wir wissen ;-).Für meine Kinder war es sehr lehrreich, mehr Verantwortung übernehmen zu müssen. Bei Jüngeren wäre das vermutlich ein Problem. Meine haben das Ganze sehr locker genommen, kennen sie mich doch als nicht ganz typisches Muttertier. Die Zeit, die wir jetzt verbringen – wir machen uns richtige Dates aus – ist um vieles intensiver und direkter als die Zeit, die wir früher nebeneinander verbracht haben. Also auch hier sehr positive Auswirkungen.

Ich habe während meines Sabbaticals wieder zum Sport zurück gefunden. Eine der Triebfedern war ja auch, wieder in Schuss zu kommen. Ich war mit nicht ganz 50 Jahren vor einer Kreuzung: zwar beruflich erfolgreich, aber als Frau nicht mehr exis-tent. Diese Unzufriedenheit hat sich langsam aufgebaut, irgendwann beim letzten Urlaub am Strand wurde mir mit einem Schlag klar, dass ich das Frausein meinem beruflichen Erfolg geopfert habe. Dass ich aus dem gemeinsamen Haus ausgezogen bin, liegt auch daran, dass mein Mann leidenschaftlich gern kocht. Um abzunehmen, musste ich vor seiner Kochkunst flüchten. Ohne den täglichen Arbeitsablauf bei völlig freier Zeiteinteilung wird vieles möglich, was vorher nicht gegangen ist. Meine Lieblingsbeschäftigung am Morgen: unangesprochen bei einem gemütlichen Frühstück die Morgenzeitung lesen. Ein Traum!

Ich verbrachte meine Sabbatical-Zeit beinahe täglich im Fitness-Studio und den Rest der Zeit am PC schreibend. Ich habe mein aktuelles Sachbuch fertig geschrieben, einen Roman komplett neu geschrieben, einen anderen fertig gestellt. Das war möglich, weil ich in meiner Wohnung keine Ablenkung hatte und nicht wie früher zwischendurch schnell mal dies oder das erledigte. Es ist diese grenzenlose Zeit, die zur Verfügung steht, und das Wegfallen jeglicher Verantwortung für andere, keine Termine, keine Pflichten, keine Störungen.

Andererseits war das genau das, wogegen ich anfangs wirklich ankämpfen musste. Aus der Vollverantwortlichkeit einer Unternehmerin und Mutter, aus der Identifikation über Leistung, aus der Befriedigung über Feedback mitten hinein in ein Sabbatical, wo niemand etwas erwartet, aber auch niemand einen bestätigt. Die ersten vier Wochen waren hart. Ich musste mühsam einen Weg suchen, mich wertvoll zu finden, auch wenn ich nach klassischen Maßstäben „nichts leiste". Da ich aus einer Unternehmerfamilie komme und Leistungsdenken mit der Muttermilch aufgenommen habe, war das die größte Hürde. Geholfen hat mir das Schreiben. Hätte ich das nicht, ich bin nicht sicher, ob ein Sabbatical das Richtige für mich gewesen wäre. Der Gedanke, sechs Monate lang Om-singend in Südindien zu sitzen, lockt mich auch heute noch nicht.

Wichtig ist es, nicht in ein Sabbatical zu flüchten. Also die klassische Weg-von-Haltung hielte ich für gefährlich. Ich habe fast ein Jahr darauf hingearbeitet, in der Firma alles auf Schiene zu setzen, damit ich dann nicht abgehe, habe schon ein halbes Jahr vorher eine Geschäftsführerin dazugenommen. Es folgte ein langsamer Beobachtungsprozess, um beruhigt gehen zu können. Ich wollte mir auch keine Vorwürfe machen lassen, dass ich die Firma im Stich lasse. Drei Jahre vorher hatte ich eine Burnoutphase, damals bin ich aber nicht auf die Idee gekommen, mich rauszunehmen. Danach habe ich höchstens von 85 auf 75 Stunden pro Woche reduziert. Ich würde mich zu 100 Prozent als arbeitssüchtig bezeichnen.

Auch in der Familie muss klar sein, dass Mutter nicht flieht, sondern sich ein Recht herausnimmt, das ihr – zumindest nach jahrzehntelanger intensivster Arbeitszeit und langer Erziehungsarbeit – aus meiner Sicht zusteht. Eine Woche vorher haben wir eine To-do-Liste gemacht, was wer während meiner Abwesenheit an Aufgaben übernimmt. Da wurde für alle plötzlich sichtbar, was ich ständig selbstverständlich „nebenbei" alles mache.

Alles in allem kann ein Sabbatical eine wunderbare Zeit sein, braucht aber auch einiges an Kraft, und vor allem scheint mir auch wichtig zu wissen, was hinterher passieren wird bzw. was das ganz persönliche Ziel eines Menschen ist, der sich eine Auszeit nimmt. Ich habe alles erreicht, was ich mir vorgenommen hatte: zu rauchen aufgehört, zehn Kilo abgenommen, trainiert, meine Bücher geschrieben.

Nach dem Sabbatical musste ich mir in der Familie wieder meinen Platz schaffen, wir haben es aber alle mit viel Humor genommen. Interessant ist, dass mein Sohn auch danach noch den Müllmeister weitergespielt hat, meine Tochter hingegen sofort ihre während meines Sabbaticals übertragenen Pflichten wieder abgegeben hat.

Meine Arbeit nach dem Sabbatical kann man nicht 1:1 mit vorher vergleichen, da es nun eine zweite Geschäftsführerin gibt und mein Arbeitsbereich nicht mehr der operative, sondern der strategische ist. Jedenfalls habe ich gelernt, nein zu sagen, suche mir bewusst aus, welche Termine ich wahrnehme, und delegiere viel leichter an Mitarbeiter. Ich bin auch nicht mehr jeden Tag in der Firma, sondern verbringe zwei Tage zu Hause und widme mich dem Schreiben.

Patrick Gerdenits, 21 Jahre, fand es positiv und negativ zugleich, dass seine Mutter ihre Auszeit außer Haus verbrachte:

Ich bin ja noch jung, da ist es nervig, wenn die Eltern viel zu Hause sind. Es war also sehr angenehm, dass ein Elternteil weniger da war, der einem sagt, was man zu tun und zu lassen hat. So hatte ich eine gewisse Narrenfreiheit und hab mich über den Freiraum gefreut, speziell wenn mein Vater auch weg war, etwa bei Seminaren, und ich das Haus für mich hatte.

Andererseits sind mit den beiden Elternteilen auch zwei Personen da, die sich um den Haushalt kümmern. Als meine Mutter auf Auszeit war, gab es eine Liste an Haushaltsaufgaben, die auf uns alle aufgeteilt wurden. Es war unangenehm, sich an diese fixen Vorgaben halten zu müssen. Bis dahin war ich es gewohnt, mir den Tag selbst einteilen zu können. Besonders nervend war es, in der Früh mit dem Hund gehen zu müssen. Aber man gewöhnt sich an alles.

Ich finde es phänomenal, was meine Mutter alles schon gemacht hat. Dass sie in der Auszeit Bücher geschrieben hat, ist ein Grund mehr, sie zu bewundern. Sie setzt sich einfach etwas in den Kopf und das funktioniert.

Olivia Gerdenits, 17 Jahre, verabredete sich regelmäßig mit ihrer Mutter während ihrer Auszeit außer Haus:

Ich habe mich total für meine Mutter über ihre Auszeit gefreut, weil sie in der Arbeit immer irrsinnig viel Stress hatte, obwohl sie dann in der Auszeit auch viel gemacht hat.

Wir haben uns alle paar Wochen getroffen und das war super, weil wir dann viel zu erzählen hatten, manchmal sind wir auch ins Kino oder auf einen Drink gegangen. Vorher haben wir uns auch viel gesehen, aber nicht so viel miteinander geredet. Es war dann in der Auszeit nicht so sehr ein Mutter-Tochter-Verhältnis. Obwohl sie jetzt wieder zu Hause ist, machen wir uns weiterhin Treffen aus.

Ich bin auch stolz auf sie, weil sie irrsinnig viel abgenommen hat und jetzt wieder viel modernere Sachen anzieht. Das taugt mir. Während meine Mutter weg war, habe ich das Wäschewaschen übernommen. Anfangs hat es mich nicht genervt, dann schon. Ich habe gemerkt, dass es mehr Zeit braucht als gedacht. Jetzt schätze ich mehr, was sie tut, und schmeiße nicht selbst eine Hose, die ich einmal anhatte, in die Wäsche. Denn wenn ich Sachen in der Schmutzwäsche gefunden habe, die ich erst am Tag davor gewaschen hab, hat mich das sehr genervt.

Eine Auszeit wirkt sich aber nicht nur auf die Kinder, sondern natürlich auch auf die Ehepartner aus. Für Bettina Reinisch, deren Mann ein halbes Jahr in den Südsudan ging, um dort seine Projektmanagementerfahrung auf einem völlig neuen Terrain einzusetzen, wurde trotz anfänglicher Widerstände die Auszeit ihres Mannes zur Chance für sie selbst.

Erfahrungsbericht

Man darf niemandem sein Herzensbedürfnis wegnehmen

Psychotherapeutin Bettina Reinisch war anfangs gegen die Auszeit ihres Partners Josef in Afrika (siehe Erfahrungsbericht Seite 143) und entdeckte im Laufe der Zeit die Freude an der neuen Selbstständigkeit.

Als mein Mann mir erzählte, dass er ein halbes Jahr in den Südsudan gehen wird, habe ich mich ziemlich übergangen gefühlt, denn an dem Entschluss war nicht mehr zu rütteln und er hatte schon alles überlegt. Ich konnte mir anfangs überhaupt nicht vorstellen, so lange ohne ihn sein zu können. Außerdem hatte ich Angst um ihn. Er war zwar vorher einmal in Afrika gewesen, um den Kilimandjaro zu besteigen, aber ich traute ihm doch nicht zu, ein halbes Jahr im Busch zu verbringen und in einem Sozialprojekt zu arbeiten.

Rückblickend sehe ich manches etwas anders. Heute denke ich, dass ich ihn unterschätzt habe und dass auch Neid dabei war, dass sich einer einfach so etwas in den Kopf setzt und es tut. Mit der Zeit hat sich meine Einstellung gewandelt und ich hab mir gedacht, besser ich schaue mir ab, wie er seine Ziele verfolgt, und tue das mit meinen auch. Heute verstehe ich auch, dass man jemandem sein Herzensbedürfnis nicht wegnehmen soll. Auch wenn es für mich nicht ganz nachvollziehbar war – er hat auch nicht viel darüber geredet –, ihm war es wichtig. Wenn mein Mann heute wieder fahren wollte, hätte ich kein Problem mehr damit. Denn im Nachhinein betrachtet, finde ich es sehr gut, dass er diese Auszeit gemacht hat, auch weil es für uns beide und für die Beziehung gut war. Vorher habe ich mich in vielem auf ihn verlassen. Weil er nicht da war, musste ich viel selbstständiger werden und bin es geblieben. Ich hatte in der Zeit ohne ihn einen richtigen Aktivitätsschub, war mehr unterwegs, habe viele Ausflüge gemacht, was ich davor nie getan habe. Mit der

Zeit habe ich das Alleinsein sogar richtig genossen, auch weil ich nicht auf ihn Rücksicht nehmen musste.

Ich bin auch viel gelassener geworden. In unserer schnelllebigen Zeit glaubt man ja, man müsse immer erreichbar sein per Mail und Telefon. Mein Mann war in einer Gegend, wo er wochenlang nicht erreichbar war. Anfangs bin ich rotiert, weil ich kein Lebenszeichen von ihm hatte und nur die Bilder von Hitze, Bürgerkrieg, Malaria und Skorpionen im Kopf hatte. Nach den ersten Lebenszeichen ging es besser und mit der Zeit habe ich gelernt, dass man auch gut leben kann, wenn man vom Partner längere Zeit nichts hört. Man kann Briefe schreiben, nachdenken und einfach anderes tun. Ich habe da-raus auch für mich gelernt, dass man nicht immer erreichbar sein muss, dass man das Handy auch abschalten kann.

Später wurde ich zu einer Art persönlicher Pressesprecherin, weil mein Partner wollte, dass ich seine Mails weiterschicke an Freunde und Bekannte. So war ich auch involviert, und die Leute haben auch gefragt, wie es mir geht. Dadurch ist es auch zu meinem Projekt geworden, was entlastend für mich war und mir viel Zuwendung gebracht hat.

Das Bild, das ich von Josef hatte, hat sich in vielerlei Hinsicht durch sein Auszeitprojekt gewandelt. Als er zurückgekommen ist, hat er ein Buch über seine Zeit in Afrika geschrieben und ich war überrascht zu sehen, wie gut er schreiben kann. Er hat mir gezeigt, dass man viel mehr kann, als man glaubt. Alles in allem war sein Fortgehen auch für mich eine Riesenchance, mich weiter zu entwikkeln – und ich glaube, ich habe sie gut genützt.

Macht mein Chef mit?

Sind Sie selbst überzeugt, ist Ihr familiäres Umfeld überzeugt? Dann ist nur noch einmal Überzeugungsarbeit notwendig, denn was nutzt der sicherste Auszeitentschluss, wenn der Boss nicht mitmacht?

Und eines ist sicher, egal auf welche Art und wie lange Sie eine Auszeit machen, es bleibt im Unternehmen nicht ohne Effekt. Nimmt einer eine Auszeit, könnten andere von der Idee angesteckt werden, Personalverantwortliche sind mit Auszeitgesprächen beschäftigt und Vorgesetzte müssen sich Gedanken machen, wer die Arbeit, die der Auszeitnehmer zurücklässt, in seiner Abwesenheit erledigt.

Besonders diese Frage ist für größere Betriebe wesentlich leichter zu beantworten. In Österreich überwiegen aber Kleinbetriebe bei Weitem: 90,1 Prozent der Unternehmen haben bis zu neun Mitarbeiter und weitere 8,1 Prozent bis zu 49 Mitarbeiter. Anders ausgedrückt heißt das, dass 98,2 Prozent aller österreichischen Unternehmen weniger als 50 Mitarbeiter beschäftigen.

Insbesondere für diese kleinen Unternehmen sind längere Auszeiten von Mitarbeitern eine Belastung, weil die Arbeit nicht auf andere aufgeteilt werden kann und das Einstellen und Einschulen einer Ersatzkraft das Unternehmen finanziell belastet. Selbst wenn keine zusätzlichen Kosten anfallen, weil der Auszeitnehmer etwa Weiterbildungsgeld vom AMS erhält (siehe Bildungskarenz, Seite 90), ist dennoch die Einschulungsphase belastend, in der der Mitarbeiter noch nicht so effizient arbeiten kann wie sein routinierter Vorgänger.

Was Österreichs Kleinunternehmen von einer Auszeit halten

Doris Steinhausen, Rechtsanwaltskanzlei, beschäftigt eine Vollzeitsekretärin und arbeitet in einer Regiegemeinschaft mit einem Kollegen, der ebenfalls eine Sekretärin angestellt hat.

Was denken Sie von Mitarbeitern, die mit einem Auszeitwunsch an Sie herantreten?

Hätte ich auch gern – scheint mir allerdings in meinem Betrieb kaum möglich.

Was spricht gegen eine Auszeit in Ihrem Betrieb?

Dagegen spricht vor allem die Größe (Kleinheit) meines Betriebes. Ich brauche eine volle Ersatzarbeitskraft, die eingeschult werden müsste. Warum sollte die nach drei oder sechs oder zwölf Monaten wieder gehen? Ich könnte es mir allerdings vorstellen, wenn bei der Vertretung von vornherein nur an einer vorübergehenden Arbeit Interesse besteht. Meine Mitarbeiterin müsste auch größtenteils die Einschulung übernehmen, weil mir dazu die Zeit fehlt.

Glauben Sie, dass Auszeit als Thema in Zukunft mehr an Bedeutung gewinnen wird?

Kann ich mir im Bereich von Rechtsanwaltssekretärinnen nur bei wirklich qualifizierten Personen vorstellen, die dann aber auch wieder nur sehr schwer zu ersetzen sind während der Auszeit.

Bei meinen Sekretärinnen ist mir aufgefallen, dass sie wenn möglich einen Jobwechsel für ein bis zwei Monate Ferien genutzt haben, selten aber länger. Möglicherweise spielte da auch die Angst mit, dass sich eine längere Unterbrechung nicht gut im Lebenslauf macht.

Welche Auszeitregelung wäre für Sie vorstellbar?

Ich kann mir nicht vorstellen, als Unternehmerin die Auszeit meiner Mitarbeiter zu finanzieren, möglich wäre nur unbezahlter Urlaub oder Ähnliches.

Welche Voraussetzungen bräuchte es für Sie als Unternehmen, um Ihren Mitarbeitern Auszeit leichter anbieten zu können?

Eine gute befristete Ersatzarbeitskraft. Keine zusätzlichen Kosten. Kein zusätzlicher bzw. begrenzter Einschulungsaufwand für mich.

Würden Sie als Führungskraft selbst gerne einmal eine Auszeit nehmen?

Im Moment nicht – es gab aber schon öfter Zeiten, wo ich mir das wünschte. Dann, wenn die Arbeit nur mehr wie ferngesteuert erledigt wird und ich freudlos das mache, was gemacht werden muss. Wenn es zu viel Arbeit über zu lange Zeit gibt und die Sehnsucht immer stärker wird, etwas anderes zu machen, aber die Ruhe fehlt, dem nachzugehen.

Was hält Sie davon ab, eine Auszeit tatsächlich zu nehmen?

Das Problem wäre vor allem, wie ich eine Auszeit organisieren und finanzieren könnte. Die größte Hürde sind sicher die Kosten: Die Kanzlei rennt weiter, sämtliche Fixkosten fallen an, aber die Einkünfte fallen aus. Ich müsste nicht nur selbst von meinen Reserven leben können, sondern auch den Kanzleibetrieb finanzieren. Und das Geld müsste auch reichen für die erste Zeit des Wiedereinstieges. Das ginge eventuell, wenn ich einen Konzipienten oder Partner hätte, der die anwaltliche Arbeit im Rahmen der Kanzlei erledigen könnte, sodass mir ein Teil des Umsatzes zukommt, obwohl ich nicht da bin. Nicht so problematisch scheinen mir die Klienten, ich hätte halt keine Neuzugänge während der Auszeit. Außer wenn ich einen Konzipienten oder Kanzleipartner hätte, der die Neuzugänge in der Kanzlei hält – aber auch in diesem Fall gäbe es sicher finanzielle Einbußen. Mit den Fixkosten der Kanzlei könnte ich mir eine Auszeit einfach nicht leisten.

Dr. Melitta Kraus, Geschäftsführerin des Vereins RAT UND HILFE, der zwei Mutter-Kind-Heime und andere Einrichtungen für sozial benachteiligte Menschen betreibt

Wie reagieren Sie auf Auszeitwünsche Ihrer Mitarbeiter?

Solche Wünsche sind selten, wir haben auch nur 16 Mitarbeiter. Aber wenn es sie gibt, dann versuchen wir natürlich, eine gute Lösung für den Dienstnehmer – aber auch für die Arbeit – zu finden. Das persönliche

Schicksal steht aber im Vordergrund, ich weiß ja aus eigener Erfahrung, dass es Phasen geben kann, wo eine Auszeit sinnvoll ist. Die Mitarbeiter, die kommen, sind meist so reflektiert, dass sie schon mit konkreten Vorstellungen kommen.

Was war der letzte Fall von Auszeit in Ihrem Mitarbeiterstab?

Eine Mitarbeiterin nahm ein halbes Jahr Bildungskarenz, um eine Ausbildung abzuschließen. Sie hat außerdem ein Konzept erarbeitet, weil sie bei uns eine neue berufliche Orientierung gesucht hat.

Eine weitere Mitarbeiterin, eine Sozialarbeiterin, die vor zwei Jahren schon einmal ernsthaft erkrankt war, sich aber trotzdem weiterhin ständig überfordert hat und sich jetzt nicht mehr gesund fühlte, wollte eine Auszeit nehmen, um sich zu erholen. Da sie nichts machen wollte in der Zeit, kam eine Bildungskarenz nicht in Frage, also wurde eine Dienstunterbrechung vereinbart. Bevor sie in Kraft getreten ist, wurde sie aber krank und sie ging in Krankenstand, was ihr zu dem Zeitpunkt leichter fiel, weil sie sich schon vorher für die Auszeit entschieden hatte. So konnte sie ihren angegriffenen gesundheitlichen Zustand besser akzeptieren.

Christoph Koller, Geschäftsführer Steinway in Austria, beschäftigt zwölf Mitarbeiter.

Sind in Ihrem Unternehmen längere Auszeiten für Mitarbeiter möglich?

Es gibt Perioden, wo längere Pausen für Mitarbeiter eher möglich sind, und solche, wo sie hinderlich sind. In so einem kleinen Team müssen außerdem die anderen kompensieren, wenn einer ausfällt, oder/und eine Vertretung muss für diese Zeit eingeschult werden. De facto ist ein Mitarbeiter aber erst nach einem Jahr richtig produktiv. Eine Vertretung ist außerdem bei uns auch nur im organisatorischen Bereich möglich, nicht im technischen Bereich – das ist zu spezifisches Know-how, als dass man es schnell erlangen könnte.

Wenn ein Mitarbeiter unbedingt eine Auszeit nehmen will, wird er es ohnehin – mit oder ohne meine Zustimmung – tun. Wenn es ein wichtiger Mitarbeiter ist, wird man ihm die Möglichkeit geben, bevor er ganz weggeht.

Muss der Mitarbeiter gute Gründe für eine Auszeit nennen können?

Nein, ich finde nicht, dass es eine Legitimation braucht für eine Auszeit, denn jeder hat das Recht, über sein Leben selbst zu bestimmen. Eines wünsche ich mir allerdings schon: dass eine gewisse Form gewahrt wird, damit man Zeit hat, sich einzustellen und Lösungen zu finden.

Welche Auszeitvarianten würden Sie sich wünschen?

Interessant fände ich, wenn man die Ruhezeit der Pension teilweise vorziehen – ein Jahr davon in der Mitte des Arbeitslebens nehmen – könnte. Man könnte sich in Ruhe weiterbilden oder erholen, dann würden vielleicht auch viele Zivilisationskrankheiten weniger stark auftreten. Und fitte ältere Menschen wären noch im Arbeitsprozess integriert. Das System hat sich mit den gesellschaftlichen Veränderungen eigentlich nicht mitbewegt.

Dr. Thomas Höhne, Rechtsanwalt

Wie stehen Sie Auszeitwünschen Ihrer Mitarbeiter gegenüber?

Wenn ein Jurist in unserer Kanzlei ein Jahr Auszeit nehmen möchte, wäre das heikel, weil wir ein kleiner Betrieb sind. Es müsste jemand eingestellt werden, der dann wieder rausgeschmissen werden müsste. Das vermindert aber dessen Chancen am Arbeitsmarkt. Jemand Guter wird daher keinen befristeten Job nehmen.

Und wie ist es mit kürzeren Auszeiten?

Mit Wünschen nach bis zu drei Monaten Auszeit sind wir ständig konfrontiert, wenn die Mitarbeiter zur Anwaltsprüfung antreten und Zeit für die Vorbereitung brauchen. Drei Monate – das geht gerade noch. Darüber kann man reden.

Eva Langheiter, Leiterin des Wiener Theaters Drachengasse mit elf Mitarbeitern, der Großteil davon Teilzeit

Was denken Sie von Mitarbeitern, die mit einem Auszeitwunsch an Sie herantreten?

Finde ich nachvollziehbar.

Bieten Sie Ihren Mitarbeitern die Möglichkeit einer längeren Auszeit?

Im Prinzip ja, es kommt aber kaum vor – außer natürlich Elternkarenz. Die positiven Gründe vermute ich im starken Identifikationsgrad mit dem Theater. Negative Gründe sind vermutlich Angst vor der eigenen Ersetzbarkeit. Es gibt nicht so viele Jobs in dem Bereich. Ich würde den Wunsch nach einer Auszeit respektieren, auch wenn es für den Betrieb von Nachteil ist.

Was ist die Herausforderung für den Arbeitgeber?

Von Arbeitgeberseite spricht natürlich einiges dagegen: Ersatz muss gesucht werden. Das bedeutet immer eine Belastung für den Betrieb durch Einschulung und Informationsverlust und für die anderen Mitarbeiter, weil sich die interne Gruppendynamik ändert. Die Vorteile wie neue Impulse, Burnout-Verhinderung etc. sind eher ungewiss. Da die meisten Menschen, die bei uns arbeiten, projektbezogen und daher befristet engagiert werden, ist die Stabilität der „Kerntruppe" umso wichtiger.

In welcher Form bieten Sie Auszeit an?

Wir versuchen, über Stundenausgleich, Urlaubszusammenlegungen etc. eine gewisse Flexibilität der Arbeitszeiten zu ermöglichen. In manchen Fällen kann auch eine Auszeit für Ausbildung (die nichts mit der Arbeit im Theater zu tun hat) arrangiert werden.

Glauben Sie, dass Auszeit als Thema in Zukunft mehr an Bedeutung gewinnen wird?

Ja, aber nur die unfreiwillige Auszeit aufgrund von Jobverlust oder Burnout. Freiwillige Auszeit wird kaum zunehmen, weil es am Arbeitsmarkt immer enger wird.

Würden Sie als Führungskraft selbst gerne einmal eine Auszeit nehmen?

Klar würde ich gern. Wer nicht!

Was hält Sie davon ab, eine Auszeit tatsächlich zu nehmen?

Verantwortungsgefühl gegenüber dem Theater und meinen Mitarbeitern. Natürlich bin ich ersetzbar, aber dann müsste ich ganz aussteigen und jemand anderer müsste meine Funktion übernehmen. Denn ein Theaterleiter definiert das Profil seines Theaters. Eine Auszeit mit geplantem Wiedereinstieg ist daher unmöglich.

Reinhard Schnitzler, Pfeiffer Vacuum Austria, Vertrieb von Hightech-Produkten. Das Unternehmen beschäftigt 13 Mitarbeiter, davon drei Teilzeitarbeiter.

Sie bieten Ihren Mitarbeitern keine Auszeitmöglichkeiten an. Was spricht dagegen?

Wir sind eine kleine Vertriebsniederlassung und haben nur die notwendige Anzahl Mitarbeiter und keine „Reserven". Für die Ausbildung neuer Mitarbeiter sind im Minimum drei Monate für den Innendienst und bis zu zwei Jahre für den Außendienst nötig, da wir sehr spezielle Hightech-Produkte vertreiben. Den neu eingestellten Mitarbeiter als Ersatz für jemanden, der eine längere Auszeit nimmt, müssen wir ausbilden, was zusätzliche Kosten bedeutet. Und wenn der Mitarbeiter nach der Auszeit wieder zurückkommt, müssen wir den neu angelernten Mitarbeiter wieder entlassen.

Glauben Sie, dass Auszeit als Thema in Zukunft mehr an Bedeutung gewinnen wird?

Auszeit ist ein Luxus, den sich nur große Unternehmen leisten können und der meines Erachtens nur zusätzliche Kosten für das Unternehmen bedeutet.

Würden Sie als Führungskraft selbst gerne einmal eine Auszeit nehmen?

Nein, Auszeit benötige ich, wenn ich mit meinem Job unzufrieden bin. Dann ist es besser zu kündigen, und etwas Neues, Zufriedenstellenderes zu suchen.

Die große Variante der Auszeit, das Freijahr, ist fast ausschließlich in großen Unternehmen zu finden. Denn je kleiner das Unternehmen, umso schwieriger sind derzeit längere Auszeiten umzusetzen. Die Kosten für die Einarbeitung neuer Mitarbeiter sind für die meisten kleineren und mittleren Betriebe nicht leistbar. Dazu kommt, dass die als Ersatz eingestellten Auszeitvertretungen hinterher wieder gekündigt werden müssten. Schwierig wird es auch für Unternehmen mit sehr spezifischem Know-how. Die Einschulung der Mitarbeiter dauert oft länger als die Auszeit des Mitarbeiters.

Manche Unternehmen machen sich auch Sorgen, dass sich der Auszeitmitarbeiter nach einem halben Jahr am Strand nicht mehr in eine stressreiche Arbeitsumgebung einfügen kann oder die Kollegen ärgerlich reagieren, wenn sie Teile der Arbeit des Auszeitnehmers übernehmen müssen, oder dass die Kollegen dem Auszeitnehmer mit Neid begegnen und der einst gute Teamgeist womöglich zerstört ist. Und in der Tat zählt die erfolgreiche Rückkehr nach einer Auszeit zu den größten Herausforderungen einer Auszeit. Dessen sollte man sich bewusst sein, bevor man Verhandlungen mit seinem Vorgesetzten führt. Denn die Lage des anderen verstehen zu können, ist eine wichtige Voraussetzung, um ein Anliegen erfolgreich durchzusetzen.

Argumente, die Ihren Vorgesetzten überzeugen

☺ Auszeitnehmer kommen ausgeruht und aufgetankt mit neuen Energien und Ideen zurück.

☺ Wer eine Auszeit genehmigt bekommt, fühlt sich stärker mit dem Unternehmen verbunden, seine Loyalität zur Firma wird gestärkt.

☺ Wären Sie nicht mehr motiviert und würden Sie in der Auszeit beschließen, nicht mehr in das Unternehmen zurückzukehren, wären Sie ohnehin für das Unternehmen nicht der optimale Mitarbeiter.

☺ Wer sich für seine eigene Auszeit einsetzt, zeigt Eigenverantwortung und Willensstärke.

☺ Unternehmen, die ihren Mitarbeitern eine Auszeit gewähren, zeigen damit eine attraktive Arbeitskultur, in der individuelle Bedürfnisse einen Platz finden können. In Branchen mit Mitarbeitermangel kann das ein Plus sein.

☺ Mit Auszeiten in geschäftsflauen Perioden lassen sich Kosten sparen, etwa wenn die Variante Bildungskarenz gewählt wird.

Den rechtlich-organisatorischen Rahmen finden

Sie haben sich entschieden: Sie wollen gerne rausfinden, ob Ihr beruflicher Weg weitergehen soll wie bisher oder ob die Welt für Sie noch etwas anderes bereithält. Sie wollen gerne nicht auch noch die restlichen zehn, zwanzig oder gar dreißig Erwerbsjahre am Limit Ihrer geistigen und körperlichen Kapazitäten verbringen. Oder Sie wollen endlich – und zwar jetzt! – Ihre Wünsche verwirklichen und nicht nur am überquellenden Schreibtisch davon träumen? Gut, dann sind Sie einen wesentlichen Schritt weitergekommen. Sie wollen oder müssen eine Auszeit machen.

Ist der Entschluss gefasst, dem Job vorläufig oder ganz den Rücken zuzuwenden, kommen Sie als nächsten Schritt nicht drum herum, sich mit den rechtlich-organisatorischen Möglichkeiten auseinanderzusetzen. Nur so können Sie die nächste wesentliche Frage beantworten: Können Sie eine Auszeit machen? Ohne die Familie zu vergraulen? Ohne den Job unbeabsichtigt zu verlieren? Ohne sämtliches Familiensilber verscherbeln zu müssen?

Kündigen oder bleiben?

Eine Auszeit wird mitunter auch genutzt, um sich klar darüber zu werden, ob man beim derzeitigen Job bleiben möchte. Losgelöst von den täglichen Anforderungen, von der Tretmühle des Stresses ist es oft leichter, zu den Wurzeln von Unzufriedenheit oder zum Keim von neuen Jobwünschen zu kommen. Wenn Sie sich aber schon vor der Auszeit entscheiden möchten oder müssen, ob Sie kündigen und eine Auszeit ohne Rückkehrmöglichkeit in den alten Job machen oder beim derzeitigen Arbeitgeber bleiben und nur für eine Zeit unterbrechen, dann könnten Ihnen diese Fragen helfen, Klarheit über die Frage „Kündigen oder bleiben?" zu finden.

Wie zufrieden/unzufrieden sind Sie mit

- 😐 Gehalt?
- 😐 hierarchischer Position?
- 😐 Betriebsklima?
- 😐 Führungsstil?
- 😐 Firmenphilosophie?
- 😐 Ausmaß der Arbeit?
- 😐 Art der Arbeit?
- 😐 Aufstiegschancen?
- 😐 Spaßfaktor?
- 😐 Qualifizierungsmöglichkeiten?
- 😐 Entfernung vom Arbeitsplatz?
- 😐 Sozialleistungen?

Umso mehr Punkte dieser Liste Sie mit dem Prädikat „unzufrieden" versehen, umso trister scheint Ihre Jobsituation zu sein. Doch nur auf den ersten Blick. Denn die Frage, die es in Folge zu klären gilt, ist, ob die Dinge unveränderbar trist sind. Dazu kann es hilfreich sein, sich genau zu überlegen, welche Punkte man konkret anders haben möchte und wie hoch man die Chancen auf Umsetzung einschätzt. Hier ein paar Vorschläge für ganz konkrete Wünsche. Die Liste ist natürlich Ihren persönlichen Bedürfnissen entsprechend unendlich erweiterbar:

- 😐 Ich will in einem Team arbeiten.
- 😐 Ich will nicht mehr so viel Verantwortung haben.
- 😐 Ich will am Wochenende frei haben.
- 😐 Ich will nicht mehr zu Hause an die Arbeit denken.
- 😐 Ich will mich auch in der Arbeit gesund ernähren können.
- 😐 Ich will eine sinnvolle Arbeit machen.
- 😐 Ich will mehr Anerkennung.
- 😐 Ich will nicht mit Kollegen X arbeiten.

- 😐 Ich will nicht von jedem geduzt werden.
- 😐 Ich will …
- 😐 Ich will …
- 😐 Ich will …

Wollen Sie – jedenfalls vorläufig – bei Ihrem derzeitigen Arbeitgeber bleiben, haben Sie mehrere Möglichkeiten, eine Auszeit zu realisieren:

- ☺ Sabbatical, falls dieses Modell bei Ihrem Arbeitgeber angeboten wird
- ☺ Bildungskarenz
- ☺ Freistellung gegen Entfall der Bezüge
- ☺ Unbezahlter Urlaub, Karenzierung
- ☺ Urlaubszusammenlegungen
- ☺ Studienabschluss-Stipendium
- ☺ „Forschungsfreisemester" für Universitätslehrer
- ☺ Literarisches Stipendium und Künstlersozialversicherung

Sind Sie sicher, dass Ihr derzeitiger Job nicht mehr das Wahre für Sie ist, wissen aber noch nicht, was genau Sie stattdessen machen wollen, dann bleibt Ihnen nur, zu

- ☺ kündigen, sich selbst zu versichern und von Erspartem zu leben;
- ☺ oder sich arbeitslos zu melden. Aber natürlich müssen Sie dann dem Arbeitsmarkt zur Verfügung stehen. Um eine Auszeit, von der in diesem Buch die Rede ist, handelt es sich dann nicht.

Achtung! **Spekulieren Sie auf die Abfertigung als Zubrot für die Auszeit? Bedenken Sie dabei: Wer selbst kündigt, hat nach dem alten Modell keinen Anspruch auf Abfertigung. Nach der Abfertigung neu, die 2003 eingeführt wurde, haben Sie zwar auch bei Selbstkündigung Anspruch auf Abfertigung, allerdings wird sie nicht ausgezahlt, sondern die Ansprüche können nur als „Rucksack" mitgenommen werden.**

Die richtige Dauer der Auszeit

Um die Auszeit möglichst optimal zu planen, sollte auch der Frage nach der idealen Dauer die nötige Aufmerksamkeit geschenkt werden. Folgende Fragen könnten dabei helfen:

- ☺ Was erlauben die Finanzen?
- ☺ Was verkraftet das familiäre Umfeld?
- ☺ Wie schnell verlieren Sie beruflich den Anschluss?
- ☺ Wie lange brauchen Sie, um Ihr Auszeitziel zu erreichen, ohne dass Sie sich genauso mit Terminen und Zielen zuplanen wie im Job? Für die Weltreise, um wieder fit zu werden oder um das Haus fertig zu bauen?
- ☺ Gibt es wichtige Ereignisse, Veranstaltungen wie Messen oder Ähnliches, die Sie unter keinen Umständen versäumen wollen oder können?

Sabbatical

Nach dem biblischen Prinzip der ausgelaugten Felder, die sich wieder für einen guten Ertrag erholen müssen und ein Jahr nicht bepflanzt werden sollen, funktioniert auch das Sabbatjahr, auch Sabbatical genannt, in der Wirtschaft. Ausgelaugte Menschen bekommen, so der Arbeitgeber ein Sabbaticalmodell anbietet, eine bezahlte Ruhezeit, nachdem sie einige Jahre dafür angespart haben. Die zeitlichen Varianten sind je nach Arbeitgeber verschieden.

Das Prinzip des Sabbaticals

In der Ansparphase wird entweder Vollzeit gearbeitet und man bekommt ein Teilzeitgehalt während der Ansparphase und in der Auszeit. Oder man arbeitet bei voller Stundenzahl und vollem Gehalt, Zeit für das Sabbatical wird durch Überstunden angespart.

Am besten verankert ist das Sabbatical im Sozialbereich. So gewährt etwa die Caritas ein Sabbatjahr, ebenso das Integrationshaus oder der Arbeitgeberverband der privaten Sozial- und Gesundheitsorganisationen in Vorarlberg. Ebenso wird das Sabbatmodell der Gemeinde Wien zu einem großen Teil von Sozialarbeitern in Anspruch genommen, über diese Berufsgruppe hinaus wird das Interesse als eher gering bezeichnet. Von den 600 Sozialarbeitern allerdings haben seit Einführung im Jahr 1998 bereits 100 diese Form von Auszeit genommen.

Das Sabbatmodell für Lehrer gibt es ebenfalls seit 1998, wird aber weit seltener genutzt. So waren etwa 2005 von den insgesamt 35.450 Bundeslehrern nur 1219 im Sabbatical, was einem Zuwachs von einem Prozent zum Vorjahr entspricht. Möglicherweise wird es aber 2006 und 2007 einen größeren Ansturm auf die Auszeit bei den Lehrern geben, denn vorläufig zumindest läuft das Sabbaticalmodell für Lehrer – sowohl für Bundes- als auch für Landeslehrer – mit 31.8.2007 aus.

Sabbatical-Skepsis

In der Wirtschaft setzen sich Sabbatmodelle, obwohl man einen gewissen Trend, sie anzubieten, beobachten kann, nur langsam durch. Wenn es derartige Modelle gibt – am ehesten werden sie von großen Unternehmen angeboten –, werden sie sehr wenig in Anspruch genommen. Bei der Siemens AG Österreich – das Sabbatical gibt es dort seit 2001 – nutzten im Jahr 2006 fünf Personen dieses Modell bei insgesamt 8000 Beschäftigten. Ähnlich die Situation bei der Erste Bank, die seit 2003 – seit 2006 gibt es sogar eine kollektivvertragliche Regelung des Sabbaticals für alle Sparkassen – ein Sabbatical- modell anbietet: Bis 2006 haben sich insgesamt 17 Mitarbeiter für eine Sabbatzeit entschieden.

Dabei ist das Sabbatical die effektivste und sicherste Möglichkeit, unerfüllte Träume zu leben oder körperlich und seelisch aufzutanken, weil die Auszeit meist über einen längeren Zeitraum geht, weil man keinerlei Verpflichtungen wie etwa Weiterbildung bei der Bildungskarenz oder Studienabschluss beim Studienabschluss-Stipendium eingeht, aber dennoch finanziell – anders als etwa bei unbezahltem Urlaub – relativ gut abgesichert ist.

Häufig werden vorhandene Sabbaticalmodelle nicht in Anspruch genommen, weil

- 😐 man Angst hat, als nicht leistungsfähig genug und als Versager dazustehen;
- 😐 man nicht weiß, auf welchem Arbeitsplatz man nach der Rückkehr eingesetzt wird;
- 😐 eine Auszeit als Beweis für Desinteresse interpretiert werden könnte und so der Karriere schaden könnte;
- 😐 man inhaltlich den Anschluss verlieren könnte;
- 😐 man überzeugt ist, die eigene Arbeit kann kein anderer machen;
- 😐 die Kollegen ungehalten oder verständnislos reagieren könnten;
- 😐 man fürchtet, nach der Auszeit noch weniger Lust auf den Job zu haben;
- 😐 man mit dem Geld nicht auskommen könnte;
- 😐 man nicht so lang vorausplanen möchte.

Im Freijahr ist die finanzielle Situation am angespanntesten, denn auch wenn man vier oder zwei Jahre lang in der Ansparphase zu einem Teilzeitgehalt arbeitet, kann man möglicherweise sein Gehalt durch Zulagen für PC-Arbeit, Nachtdienste oder Ähnliches erhöhen, die dann im Freijahr naturgemäß wegfallen; ebenso wie eventuelle Überstunden, die man dann nicht mehr machen und bezahlt bekommen kann.

Experten-Interview

Experten-Interview

Georg Dimitz, Personalvertreter der Gemeinde Wien, über das Sabbaticalmodell der Gemeinde Wien

Georg Dimitz hat selbst als Sozialarbeiter fünf Jahre unbezahlten Urlaub genommen, sich danach intensiv mit Berufspausenmodellen beschäftigt und maßgeblich an der Entstehung des Sabbaticalmodells für Beschäftigte der Gemeinde Wien mitgewirkt.

Wie haben die Verhandlungen begonnen?

1992 bin ich zum Personalvertreter am Jugendamt gewählt worden, es folgten Umsetzungsverhandlungen mit der Gewerkschaft der Gemeindebediensteten. Damals war der Gedanke, dass man eine Auszeit wegen Burnout nimmt, noch befremdlich. Es galt als Privileg, in Zeiten von Arbeitslosigkeit, überhaupt einen Job zu haben. Der erste Schritt war also, die Gewerkschaft zu überzeugen. Dazu haben wir uns in den 90er Jahren verschiedene Modelle im Ausland angeschaut.
Parallel gab es die Sozialschmarotzerdiskussion, die bis heute mehr oder weniger anhält: Wer krank ist, will eigentlich nur nicht arbeiten.

Wie sahen die Modelle im Ausland aus?

Bei manchen Kommunen wie etwa Berlin gab es konkrete Modelle – ein Ansparmodell, das formell ein Vertrag über Teilzeit war – im Dienstrecht. In Berlin gab es Interesse, solche Modelle zu fördern, weil es durch die Zusammenführung von Ost und West zu viele Beamte gab.
In Kopenhagen war die Gefahr, dass Mitarbeiter der Nachtbuslinien gekündigt werden oder aber alle arbeiten Teilzeit. Die Belegschaft entschied sich für Zweiteres. Mit diesem Modell war eine radikale Kürzung der Krankenstände verbunden. Damit war klar, dass nicht nur psychoaktive Berufe Burnoutfolgen haben.

Experten-Interview

In Schweden gab es gegen Burnout Berufspause mit Bildung und Wiedereinstellungsgarantie, was eher unserer heutigen Bildungskarenz entspricht. Gleichzeitig bedeutete es eine Arbeitsmarktentlastung. Denn die Karenzierten dürfen sonst nirgends arbeiten, und die Unternehmen mussten sich verpflichten, jemand anderen dafür einzustellen. Das war damals sehr revolutionär, weil es im Grunde eine selbst gewählte Arbeitsumverteilung war.

Wie haben sich die Erfahrungen mit ausländischen Modellen in Österreich ausgewirkt?

In der Gewerkschaft konnte der Widerstand abgebaut werden, beim Dienstgeber vorerst nicht. Der Durchbruch kam 1998 über die Bundesbestimmung, die wir mit dem damaligen Staatssekretär Karl Schlögl ausverhandelt haben. (Anm: Die Bestimmung galt ursprünglich für alle Bundesbediensteten, wurde später auf Lehrer eingeschränkt und ist derzeit bis 31.8.2007 befristet.)

Welches Sabbatical-Ergebnis gab es später für die Gemeinde Wien?

Da die Rechtsvorschrift mit dem Bundesbedienstetenrecht einmal geschaffen war, waren die Verhandlungen dann leichter. Mit 1.5.1998 wurde das Freijahr ins Beamtendienstrecht aufgenommen. Die bundesgesetzliche Formulierung war Vorbild für die Wiener landesgesetzliche Formulierung. Das Modell basiert auf einem Teilzeitvertrag mit 80 Prozent des Monatsbezugs auf fünf Jahre, wobei man ab Beginn des dritten Jahres das Freijahr nehmen kann. Die einzige Einschränkung ist, dass kein dienstliches Interesse dagegenstehen darf. Allerdings müsste das der Dienstgeber beweisen. Bis jetzt wurde noch nie ein Antrag abgelehnt. Zuerst war das Freijahr nur für Sozial- und Gesundheitsberufe gedacht, dann gab es ein starkes Bedürfnis von der Gruppe der U-Bahnfahrer, weil die einen großen Mangel an Tageslicht haben. Die Gruppe hat sich als erste reinreklamiert, später erfolgte die Regelung für alle Bediensteten der Gemeinde Wien.

Wie sieht das Modell im Detail aus?

Man hat ein Rückkehrrecht in den Beruf, aber nicht auf den gleichen Sessel. Zum Beispiel ist in den „Ämtern für Jugend und Familie – soziale Arbeit mit Familien" bei 320 Dienstposten die Rückkehr in der Regel mit einem Amtswechsel verbunden: Man kehrt in eines der 18 „Ämter für Jugend und Familie – soziale Arbeit mit Familien" zurück. Als Auszeitnehmer darf man keiner anderen Beschäftigung nachgehen, es sei denn in dem Ausmaß, in dem man die Nebenbeschäftigung schon während der Dienstzeit hatte. Das Modell soll ja auch einen arbeitsmarktpolitischen Effekt haben. Deshalb ist der Dienstgeber auch zu 100 Prozent zu Nachbesetzung ver- pflichtet. Das ist mit ein Grund, warum es kein Halbjahresmodell gibt. Die Verführung zu Nicht-Nachbesetzung wäre dann größer. Nachbesetzt wird mit einem befristeten Dienstverhältnis. Meist werden diese Dienstnehmer dann aufgrund der hohen Fluktuation weiterbeschäftigt.

Wie viele Dienstnehmer nutzen das Freijahr wofür?

Wir sind von einer Inanspruchnahme von 2 bis 5 Prozent ausgegangen, und das hat sich auch bewahrheitet. Bei Sozialarbeitern ist der Prozentsatz allerdings höher: Von 600 haben das Freijahr inzwischen 100 in Anspruch genommen. In der Sozialarbeit ist ein Freijahr also schon Normalität geworden, auch aufgrund vieler positiver Berichte von Auszeitnehmern.
Das Hauptmotiv bei Sozialarbeitern ist fast zu 100 Prozent, eine Pause bei Burnout oder Burnoutgefahr zu machen. Offenbar ist das Modell eine Win-win-Situation, denn durch das Modell gibt es weniger Krankenstände. Die klassische Variante vieler Sozialarbeiter ist, im Freijahr zu reisen oder Ausbildungen zu machen.
Zusätzlich ist das Modell jetzt für Personen kurz vor der Pension interessant. Man kann so ein Jahr früher in Pension gehen, wenn man ein Jahr vor dem gesetzlichen Pensionsalter mit 64 Jahren das Freijahr nimmt.

Experten-Interview

Was hält Mitarbeiter von einem Freijahr ab?

Unterhalb eines B-Gehalts (Anmerkung: niedrigere Ausbildung als Matura) ist das Gehalt in einer Höhe, wo man sich den Luxus eines Teilzeitgehalts nicht leisten kann. Das Modell ist außerdem relativ starr, weil es nur die Möglichkeit gibt, ein ganzes Jahr Auszeit zu nehmen. Schwierig ist auch die Rückkehr in den Job: Man muss nach der Freiheit erst wieder in den Arbeitsrhythmus zurückfinden.

Was sind Ihre Visionen für die Zukunft?

Ein echtes bezahltes Sabbatjahr wie bei Uniprofessoren und ein kürzeres Ansparmodell, aber auch mit Beschäftigungsgarantie, damit nicht Arbeitsplätze abgebaut werden können.

Worin sehen Sie die Gefahren von Sabbaticals?

Dass es neoliberal pervertiert wird, man ohne größere Troubles Arbeitsplätze abbauen kann. Das ist nicht die Idee, gedacht ist es als Recht des Menschen, glücklich zu sein.

Experten-Interview

Experten-Interview

Mag. Christian Kuhaupt, Arbeitsrechtsexperte, Siemens AG Österreich

Die Siemens AG Österreich bietet ihren Mitarbeitern seit 2001 ein Sabbaticalmodell für eine geregelte Auszeit an. Wie funktioniert das Modell?

Die Rahmenbedingungen wurden mit Unternehmen und Betriebsrat festgelegt und sind in einer Betriebsvereinbarung festgehalten. Einen Rechtsanspruch gibt es allerdings nicht darauf. Es gibt auch keinen Anspruch auf den gleichen Job wie vor der Auszeit, aber eine Zusage zur Wiedereingliederung.
Das Sabbatical beruht auf einer Einzelvereinbarung zwischen Mitarbeiter und Vorgesetzten. Es gibt zwei Modelle: eines für Mitarbeiter, die Zeitaufzeichnungen führen, also über Gleitzeit und Überstunden verfügen. Und eines für Mitarbeiter, die zeitautonom ohne Aufzeichnungen arbeiten. Das sind in erster Linie Mitarbeiter des Führungskreises.

Wie funktioniert das Modell für Mitarbeiter mit Zeitaufzeichnung?

Man hat eine maximale Ansparzeit von vier Jahren und eine maximale Freizeit von einem Jahr (in Verbindung mit Urlaub) – insgesamt beträgt der Zeitraum also maximal fünf Jahre. Früher waren das maximal vier Jahre, 2002 wurde der Zeitraum auf fünf Jahre erweitert. Dann kann man wählen, ob man bei voller Stundenzahl und vollem Gehalt Zeit für das Sabbatical anspart oder ob man Teilzeit arbeitet und dementsprechend weniger verdient und auf diesem Wege für das Sabbatical anspart.

Wo ist der wesentliche Unterschied zwischen der Vollzeit- und der Teilzeitvariante?

Bei der Vollzeitvariante muss man viele Überstunden machen (Gleitzeitguthaben darf auf das Sabbatical nicht angerechnet werden), um auf die notwendige Zeit für ein Freijahr zu kommen. Dabei gibt es natürlich auch gesetzliche Grenzen, weil die Arbeitszeit von zehn Stunden pro Tag und 50 Stunden pro Woche nicht überschritten werden darf. Aber selbst wenn vier Jahre lang 50 Stunden pro Woche gearbeitet wird, kann das anstrengend sein. Insbesondere auch, wenn womöglich noch versucht wird, nicht den ganzen Urlaub zu konsumieren, um schneller auf die anzusparende Zeit zu kommen. Diese Variante ist eher für kürzere Auszeiten in Verbindung mit einem offenen Urlaub interessant.

Und wo liegen Vor- und Nachteile bei der Teilzeitvariante?

Wenn man beispielsweise einen 80-Prozent-Teilzeitvertrag vereinbart, arbeitet man 80 Prozent der Zeit. Das sind bei einer 38,5-Stunden-Woche 30,8 Stunden. Bei dieser Variante kann man neben den Überstunden auch Gleitzeitguthaben für die Auszeit ansparen, wodurch man schneller auf die notwendige Zeit kommt. Aber natürlich bekommt man aufgrund des Teilzeitvertrags auch weniger Gehalt, bei einem 80-Prozent-Teilzeitvertrag eben 80 bzw. 81,5 Prozent, um genau zu sein, weil das Unternehmen noch zusätzlich einen Bonus von 1,5 Prozent gewährt.

Und wie sieht das Sabbatical der zeitautonom arbeitenden Mitarbeiter aus?

Er spart nichts an, weil er ja auch nichts aufzeichnet. Er bekommt einfach fünf Jahre lang (vier Jahre Ansparzeit, ein Jahr Freizeit) 81,5 Prozent des Gehalts.

Experten-Interview

Dürfen die Mitarbeiter während ihrer Auszeit einen anderen Job annehmen?

Die Mitarbeiter sind auch während der Auszeit Mitarbeiter des Unternehmens. Für sie gibt es strenge Regelungen für Nebenbeschäftigungen. Sie müssen im Sinne des Konkurrenzschutzes gemeldet und genehmigt werden. Wenn sich aber jemand als Tauchlehrer auf den Malediven versuchen will, dann ist das erlaubt.

Wie häufig wird das Sabbaticalmodell genutzt?

Nicht sehr häufig. Derzeit nutzen es fünf Personen.

Bei insgesamt 8000 Mitarbeitern nicht gerade viel. Wie erklären Sie sich das geringe Interesse?

Für Mitarbeiter, die noch Karriere machen wollen, ist ein Jahr weg zu sein vielleicht keine so tolle Option. Man weiß nicht, wo man nachher landet. Unsere Branche ist so schnelllebig, dass man nicht sicher sein kann, ob es den Bereich, wo man gerade arbeitet, nach einem Jahr überhaupt noch gibt. Im Technologiebereich ist die Entwicklung außerdem so rasant, dass man vielleicht in der Abwesenheit zu viel versäumt.

Warum wird das Sabbaticalmodell dann überhaupt den Mitarbeitern angeboten?

Für einen Technologiebetrieb ist das Know-how der Mitarbeiter ganz wesentlich für den Erfolg. Und nur mit den bestmotivierten und leistungsfähigsten Mitarbeitern ist dieser Erfolg möglich. Wenn sich jemand neu orientieren möchte oder einem Burnout entgegenwirken will, ist eine Auszeit eine Möglichkeit.

Gibt es andere Möglichkeiten bei der Siemens AG Österreich, längere Pausen zu machen?

Bildungskarenz wird ebenso in Anspruch genommen. z..B. nach der Elternkarenz. Die Planung ist hier leichter. Urlaubszusammenlegungen sind möglich, werden aber zwiespältig betrachtet. Einerseits können sie zusammen eine längere Auszeit ermöglichen (insgesamt 15 Wochen bei einem Urlaubsanspruch von fünf Wochen pro Jahr), andererseits hat der Mitarbeiter dann lange Perioden ohne Erholung. Das ist nicht unbedingt Sinn der Sache, denn man braucht auch Urlaub, um seine Arbeit gut machen zu können.

Sehen Sie für die Zukunft mehr Bedarf an Auszeit?

Am meisten bei älteren Mitarbeitern. Wir denken darüber nach, eigene Vorruhestandsmodelle zu entwickeln, weil die gesetzliche Altersteilzeit nicht mehr so attraktiv ist. Ältere Mitarbeiter wollen öfter früher zuhause bleiben. Ein Montagemitarbeiter will vielleicht nicht unbedingt mit 62 Jahren noch körperliche Schwerarbeit wie z. B. bei der Errichtung von Anlagen leisten und wird dazu auch kaum mehr in der Lage sein. Das Pensionsalter wurde hinaufgesetzt, die Befindlichkeit eines älteren Mitarbeiters aber ist gleich geblieben. Der Bedarf an kreativen Lösungen ist hier größer geworden.

Experten-Interview

Experten-Interview

Barbara Fischer, Arbeitsrechtsexpertin, Abteilung Konzernpersonal-management der Erste Bank

Die Erste Bank bietet ihren Mitarbeitern seit 1.1.2003 ein Sabbaticalmodell an. Was waren die Gründe für die Einführung?

Die alteingesessenen Arbeitszeitmodelle mit Arbeitszeiten z. B. von 8 bis 16 Uhr das ganze Jahr über verlieren zunehmend für beide Seiten an Attraktivität. Es gibt eben mehr oder weniger arbeitsintensive Zeiten, an die man sich arbeitszeitmäßig anpassen möchte. Darüber hinaus ist ein Bewusstsein dafür entstanden, dass die demografische Entwicklung auch eine Auswirkung auf die Personalstruktur haben wird. Es wird in Zukunft immer mehr ältere und immer weniger jüngere Arbeitnehmer geben. Demnach muss man nach Mitteln und Wegen suchen, wie die Mitarbeiter bis zur Pension motiviert und arbeitsfähig bleiben.

Wie sieht das Modell im Detail aus?

Voraussetzung ist, dass der Arbeitnehmer mindestens drei Jahre bei der Erste Bank beschäftigt ist. Dann kann er mit Zustimmung des Vorgesetzten ein Sabbatical antreten. Dafür gibt es grundsätzlich zwei Varianten: Beim 5-Jahre-Modell erhält der Dienstnehmer vier Jahre lang 80 Prozent des Gehalts und kann ein Freijahr nehmen, in dem er auch 80 Prozent des Gehalts bekommt. Beim 2,5-Jahre-Modell wird zwei Jahre bei 80 Prozent des Gehalts gearbeitet und der Mitarbeiter kann ein halbes Freijahr zu 80 Prozent Gehalt nehmen. In der Regel wird die Zeit vorher eingearbeitet. Das ist vermutlich auch die attraktivere Variante, weil es offenbar eine psychische Hemmschwelle gibt, nachdem das Freijahr schon konsumiert ist, zu 80 Prozent des Gehalts weiterzuarbeiten.

Experten-Interview

Während der Auszeit darf grundsätzlich keiner anderen bezahlten Tätigkeit nachgegangen werden. Nebentätigkeiten (wie z. B. Vorträge oder Lehrtätigkeit) müssen gemeldet werden.

Welche Reibungspunkte gab es in den Verhandlungen mit dem Betriebsrat?

Die kniffligste Frage war, für welche Zahlungen die 100-Prozent-Basis herangezogen wird und für welche die 80-Prozent-Basis. Aber letztendlich ist es ganz logisch zu lösen: Alle Zahlungen, die sich nach der Zugehörigkeitsdauer richten, wie Abfertigung oder Jubiläumsgeld, werden auf Basis der 100 Prozent berechnet, Überstunden während der Einarbeitungsphase ebenso.

Wer hat sich bisher für welches Modell entschieden?

Insgesamt haben bis jetzt 17 Mitarbeiter (Anm: Stand Juni 2006) ein Sabbatical angetreten oder vereinbart. Es sind Führungskräfte ebenso darunter wie Spezialisten oder Kundenbetreuer, das Durchschnittsalter liegt bei 44 Jahren. Die Mehrheit hat sich für das 2,5-Jahres-Modell entschieden. Ein ganzes Jahr weg zu sein, ist vermutlich für die meisten zu lang.

Welche Beweggründe haben die Mitarbeiter für ein Sabbatical?

Das ist ganz verschieden. Man will eine Weltreise machen, seine Ehepartnerin begleiten, die ein Jobangebot im Ausland hat, oder eine Ausbildung machen, die mit dem Beruflichen nichts zu tun hat, oder einfach nur abschalten.

Experten-Interview

Ist vorgesehen, für den Auszeitnehmer eine Ersatzkraft einzustellen?

Das ist eher nicht vorgesehen. Die Arbeit wird auf die Kollegen aufgeteilt oder jemand kommt aus der Karenz zurück und übernimmt die Agenden. Die Entscheidung, ob eine Ersatzkraft benötigt wird oder nicht, ist jedenfalls vom konkreten Einzelfall abhängig.

Hat der Auszeitnehmer eine Garantie, nach seiner Rückkehr wieder in seinem alten Aufgabengebiet eingesetzt zu werden?

Die Führungskraft muss zustimmen, dass der Auszeitnehmer wieder in der gleichen Abteilung anfangen kann. Dass er einen schlechteren Job bekommt, ist nicht in dessen Interesse, schließlich will man nicht jemand Qualifizierten in einer unterqualifizierten Position einsetzen.

Manchmal tun sich Auszeitnehmer schwer, sich nach der Rückkehr wieder am Arbeitsplatz zurechtzufinden. Haben Sie dafür Hilfestellungen vorgesehen?

Die Führungskraft muss ermöglichen, dass Schulungen zur Auffrischung gemacht werden können, damit der Mitarbeiter inhaltlich wieder am letzten Stand ist. Vielleicht könnten wir später, wenn es mehr Auszeitnehmer gibt, auch Zeitmanagementseminare anbieten, wie wir es jetzt für Frauen nach der Karenz anbieten, damit einem die Umstellung des Lebensrhythmuses leichter fällt.

Bei 4800 Mitarbeitern der Erste Bank sind 17 Sabbaticalnehmer seit 2003 nicht gerade viel. Wie erklären Sie sich dieses bis dato geringe Interesse?

Es dauert einfach, bis die Information über das Sabbatical überall angekommen ist. Wenn die ersten Auszeitnehmer zurückkommen und davon erzählen, werden es vermutlich mehr werden. Das Bedürfnis, sich bewusst eine Auszeit zu nehmen, wird größer werden, weil sich der Lebensrhythmus ändert. Heute kann man nicht mehr mit

55 oder gar 50 Jahren in Pension gehen. Wenn das Pensionsalter z. B. wie in Deutschland auf 67 angehoben werden sollte, verlängert sich die Arbeitszeit de facto um zehn bis 15 Jahre. Dann muss auch dafür gesorgt werden, dass die Arbeitnehmer entsprechend länger motiviert und einsatzfähig bleiben.

Was erhofft sich die Erste Bank sonst von einer Auszeit ihrer Mitarbeiter?

Der Hauptvorteil eines Sabbaticals ist wahrscheinlich beim Mitarbeiter selbst zu finden – sei es im persönlichen oder fachlichen Bereich. Für den Arbeitgeber kann es ein Vorteil sein, dass die Mitarbeiter mit neuen Ideen, einem erweiterten Horizont und frisch erholt zurückkommen. Der Mitarbeiter wächst, selbst wenn er auf Weltreise ist oder in einem anderen Land lebt. Der Abstand vom Beruf ermöglicht einen anderen Blickwinkel für Problemstellungen, aus dem dann der Arbeitgeber einen Nutzen ziehen kann.

Manche Arbeitgeber haben Sorge, dass die Mitarbeiter nach der Auszeit nicht mehr zurückkommen. Wie sehen Sie das?

Bei derzeit 17 Auszeitnehmern sehen wir das sicher noch entspannt. Wenn aber ein Mitarbeiter nicht mehr hier arbeiten möchte, hat es auch keinen Sinn, ihn zwanghaft zu halten. Wenn ein Unternehmen einen Mitarbeiter unbedingt behalten möchte, wird gewöhnlich versucht, diesem Mitarbeiter entsprechende Anreize zu bieten, damit er bleibt. Der mögliche positive Effekt eines Sabbaticals ist sehr hoch, natürlich gibt es aber auch ein Risiko. Ohnehin muss man sich als Arbeitgeber darauf einstellen, dass Mitarbeiter mobiler werden und nicht mehr unbedingt ihr gesamtes Arbeitsleben lang bei ein und demselben Arbeitgeber bleiben. Insbesondere mit der EU sind auch die Möglichkeiten, problemlos im Ausland zu arbeiten, größer geworden.

Experten-Interview

Welche Möglichkeiten über das Sabbaticalmodell hinaus gibt es in der Erste Bank noch?

Bildungskarenz ist kein großes Thema, weil die meisten Mitarbeiter, die sich für eine Freistellung interessieren, entweder die engen Voraussetzungen für die Bildungskarenz (insbesondere die Mindestdauer von drei Monaten und die Maximaldauer von einem Jahr) oder die Voraussetzungen für das Weiterbildungsgeld wie z. B. Nachweis von 16 Wochenstunden nicht erfüllen. Auch wenn ein Mitarbeiter die im Gesetz vorgesehenen Voraussetzungen für eine Bildungskarenz nicht erfüllt, besteht trotzdem die Möglichkeit einer freiwilligen Karenzierung. (Anm.: Dabei muss sich der Arbeitnehmer allerdings selbst versichern und bekommt kein Weiterbildungsgeld.) Erfüllt ein Arbeitnehmer die Voraussetzungen, kann aber selbstverständlich eine Bildungs- karenz vereinbart werden. Außerdem können Zeitausgleich und Urlaub zusammengelegt werden. Nicht ganz so gerne sehen wir, wenn Urlaube gehortet werden, weil dadurch die Urlaubsrückstellungen unnotwendigerweise anwachsen, aber möglich ist es in Ausnahmefällen auch.

Warum halten Sie Urlaub für so wichtig?

Wir versuchen, Mitarbeiter zu motivieren, mindestens zwei bis drei Wochen am Stück Urlaub zu konsumieren. Nur dann kann man sich wirklich erholen.

Experten-Interview

Welche gesetzlichen Änderungen würden Sie sich wünschen, um Auszeiten leichter realisieren zu können?

Nachdem in Zukunft projektorientiertes Arbeiten noch mehr zunehmen wird, wäre ein Jahresarbeitszeitmodell gefragt, wo man dem Arbeitnehmer überlassen kann, wann er seine Nettoarbeitszeit absolviert. Aber derzeit ist der gesetzliche Rahmen, wann Arbeit geleistet werden kann, sowohl für den Arbeitgeber als auch auch für den Arbeitnehmer sehr eng. Wir haben schon seit 1998 Vertrauensarbeitszeit. Dabei führen die Mitarbeiter ihr Arbeitszeitkonto selbst ohne standardisierte Überprüfung. Im Vordergrund steht, dass die Arbeit geleistet und nicht, dass Zeit abgesessen wird.

Bildungskarenz

Seit 1998 bietet die Bildungskarenz österreichischen Arbeitnehmern die Möglichkeit, sich drei bis maximal zwölf Monate freistellen zu lassen, ohne das bestehende Dienstverhältnis auflösen zu müssen. Doch Achtung, wer meint, so den Winter am Strand von Thailand verbringen zu können, liegt falsch. Denn Voraussetzung ist, dass Sie sich in der Zeit nachweislich weiterbilden, und das Studium der Einwirkung von Sonne auf den eigenen Körper gehört definitiv nicht dazu. Ebenso falsch liegt, wer meint, eine einsame Entscheidung treffen und mit einer Bildungskarenz am Chef vorbei agieren zu können. Denn der Arbeitgeber muss Ihren Plänen zustimmen. Und zwar nicht, weil er weiterhin Ihr Gehalt bezahlt – Sie erhalten stattdessen während der Bildungskarenz ein Weiterbildungsgeld vom Arbeitsmarktservice –, sondern weil sich Ihre Abwesenheit auf den Betrieb auswirkt und der Arbeitgeber dafür sorgen muss, dass entweder jemand statt Ihnen eingestellt wird oder Ihre Arbeit auf andere Mitarbeiter aufgeteilt wird. Abgesehen davon ist es bestimmt für Ihren Wiedereinstieg klimatisch gesehen von Vorteil, wenn Sie sich fair verhalten und nicht ausgerechnet auf Ihre Bildungskarenz bestehen, wenn das Projekt, für das Sie verantwortlich sind, gerade am Höhepunkt ist oder wenn die wichtigste Messe des Jahres stattfindet. Was auch immer Ihnen an Bildungsmaßnahme vorschwebt – ob Sie Schul- oder Studienabschlüsse nachholen oder EDV-Kurse oder persönlichkeitsbildende Kurse besuchen möchten –, sprechen Sie rechtzeitig mit der zuständigen Geschäftsstelle des Arbeitsmarktservice (AMS) in Ihrem Wohnbezirk. Auch über mögliche Vorlaufzeiten, in denen Sie noch an keiner Bildungsmaßnahme teilnehmen, oder über Sprachaufenthalte im Ausland lohnt sich ein Gespräch mit dem AMS. Letzteres etwa entspricht bei der notwendigen Stundenanzahl auch den Voraussetzungen für Bildungskarenz.

Im Jahr 2011 haben durchschnittlich 6900 Personen Bildungskarenz in Anspruch genommen, 2005 waren es 1317 Personen. Die Zahl der Arbeitnehmer, die sich zu Fortbildungszwecken eine Auszeit nehmen, ist also während der Wirtschaftskrise sprunghaft angestiegen. Das mag daran liegen, dass mit Bildungskarenz der Personalstand in der Krise ohne finanzielle Belastung gehalten werden kann, ebenso vielleicht an den attraktiveren Rahmenbedingungen. So ist etwa für einen Anspruch auf Bildungskarenz nur noch ein halbes Jahr durchgängige Beschäftigung bei einem Arbeitgeber statt früher drei Jahre notwendig. Die Zahl derer, die eine Bildungskarenz in Anspruch nehmen, könnte dennoch noch höher sein.

Die Wirtschafts- und Arbeitsforschung West hat erhoben, was für Tiroler Arbeitgeber gegen eine Bildungskarenz spricht. Laut dieser Tiroler Studie haben Arbeitgeber einerseits die Sorge, dass sie gerade die Tüchtigsten unter ihren Mitarbeitern verlieren könnten, wenn sie sich höher qualifizieren. Andererseits gehen viele Arbeitnehmer selbstverständlich davon aus, dass sich Mitarbeiter am Wochenende oder Abend weiterbilden. Die Arbeitnehmer hält einerseits die Höhe der finanziellen Unterstützung ab, von der sie häufig ohne Ersparnisse nicht leben können, andererseits ist gerade die Aussicht auf ein späteres höheres Einkommen – das ist bei der Hälfte der Tiroler Bildungskarenznehmer der Fall – ein Anreiz, eine Bildungskarenz in Anspruch zu nehmen.

So überzeugen Sie Ihren Arbeitgeber von einer Bildungskarenz

☺ Das Unternehmen bekommt einen höher qualifizierten Arbeitnehmer.

☺ Da keine andere Arbeitskraft eingestellt werden muss, können durch Ihre Bildungskarenz Lohnkosten reduziert werden, wenn die Auftragslage gerade nicht üppig ist.

☺ Dem Arbeitgeber entstehen keine Kosten, da die Zeiten der Bildungskarenz für das 13. und 14. Monatsgehalt sowie für den Urlaubs- und Abfertigungsanspruch nicht herangezogen werden.

☺ Muss Ihr Posten nachbesetzt werden, können andere Mitarbeiter des Unternehmens oder eine arbeitslose Person vorübergehend eine neue Chance bekommen.

☺ Ihr Know-how könnte dem Unternehmen zu einem kleinen Teil erhalten bleiben, wenn Sie – das ist erlaubt! – geringfügig (monatlich 374,02 Euro, Stand 2011) weiterbeschäftigt bleiben.

Sie haben Anspruch auf Bildungskarenz,

☺ wenn Sie mindestens ein halbes Jahr ununterbrochen bei Ihrem Dienstgeber beschäftigt sind (ausgenommen sind Beamte);

☺ wenn Sie an einer oder mehreren Bildungsmaßnahmen teilnehmen, die wöchentlich mindestens 20 Stunden ausmachen und Sie darüber einen schriftlichen Nachweis erbringen.

☺ Personen mit Betreuungspflichten für ein Kind, das das 7. Lebensjahr noch nicht vollendet hat, müssen mindestens 16 Stunden Bildung pro Woche nachweisen.

Gut zu wissen

- Für die Zeit der Bildungskarenz besteht kein Anspruch auf Urlaubs- oder Weihnachtsgeld.
- Für Ansprüche, die sich nach der Dauer des Dienstverhältnisses richten, bleibt die Zeit der Bildungskarenz außer Betracht.
- Während der Bildungskarenz besteht Kranken- und Unfallversicherungsschutz, seit 2005 sind auch in die Pensionsversicherung miteinbezogen. Allerdings gibt es hier folgende Unterscheidung: Wer vor dem 1.1.1955 geboren wurde, erwirbt Ersatzzeiten für die Pensionsberechnung. Wer nach dem 1.1.1955 geboren ist, erwirbt Beitragszeiten für die Pensionsberechnung.
- In der Zeit der Bildungskarenz wird Weiterbildungsgeld in Höhe des Arbeitslosengeldes, mindestens jedoch € 14,53 pro Tag bezahlt.
- Arbeitnehmer über dem 45. Lebensjahr erhalten Weiterbildungsgeld in der Höhe des fiktiven Arbeitslosengeldes.
- Das Weiterbildungsgeld während der Bildungskarenz ist steuerfrei.
- Nach Ablauf der Bildungskarenz hat der Arbeitnehmer im Falle von Arbeitslosigkeit Anspruch auf Arbeitslosengeld.
- Es besteht kein Kündigungsschutz während der Bildungskarenz. Allerdings kann eine Kündigung, die wegen einer beabsichtigten oder tatsächlichen Inanspruchnahme einer Bildungskarenz ausgesprochen wird (Motivkündigung), vor Gericht angefochten werden.

Nähere Informationen erhalten Sie bei der Kammer für Arbeiter und Angestellte (www.arbeiterkammer.at) *und beim Arbeitsmarktservice* (www.ams.or.at).

Freistellung gegen Entfall der Bezüge

Bei der Freistellung gegen Entfall der Bezüge kann man die Zeit völlig frei gestalten, muss sich also nicht weiterbilden, und erhält dennoch eine Unterstützung des AMS, die der Höhe des Weiterbildungsgeldes (siehe Bildungskarenz) entspricht. Die Freistellung muss mindestens sechs Monate und darf maximal ein Jahr dauern. Für diesen Zeitraum muss der Dienstgeber nachweislich eine Ersatzarbeitskraft einstellen. Diese Ersatzarbeitskraft muss vor ihrer Einstellung

Arbeitslosengeld oder Notstandshilfe bezogen haben und oberhalb der Geringfügigkeitsgrenze beschäftigt werden. Nur 89 Personen haben diese Möglichkeit der Auszeit 2010 in Anspruch genommen, dabei scheint das eine gute Möglichkeit, sich ohne Verpflichtungen wie Schulungsmaßnahmen erholen zu können. Möglicherweise scheitert diese Regelung an der zu geringen Bereitschaft des Arbeitgebers, eine Ersatzkraft einzustellen, oder daran, dass diese Möglichkeit zu wenig bekannt ist. In anderen Ländern sieht das anders aus. So nehmen in Finnland etwa 11.000 Arbeitnehmer pro Jahr eine Auszeit in Anspruch, während in der Zeit ein Arbeitsloser eingestellt wird.

Exkurs: Internationale Auszeitmodelle

Belgien

Belgien gilt als Pionierland in Sachen Auszeit. Schon 1985 gab es ein erstes Sabbaticalmodell, das 1998 erweitert und flexibler gestaltet wurde und später als Basis für andere europäische Modelle wie jenes in den Niederlanden, das 1997 eingeführt wurde, diente.

Nach den Beamten bekamen 1999 auch Angestellte die Chance auf eine bezahlte Auszeit, allerdings mit der Beschränkung, dass maximal drei Prozent aller Beschäftigten eines Unternehmens eine Auszeit nehmen dürfen. Statt des Auszeitnehmers, der finanzielle Unterstützung vom Staat bekommt, muss jemand Arbeitsloser eingestellt werden, allerdings nicht bei Unternehmen mit weniger als zehn Mitarbeitern. Während sich die einen erholen oder sich familiären Pflichten widmen, bekommen andere zumindest vorübergehend einen Job, und der Staat spart Geld, denn die Ausgaben für das Freijahr sind geringer als jene für die Arbeitslosenunterstützung.

2002 gab es eine Reform der Maßnahme, die zur Folge hatte, dass die Verpflichtung zur Einstellung einer Ersatzarbeitskraft komplett fiel, außerdem wurde die maximale Anzahl von Auszeitnehmern pro Betrieb an die Größe des Unternehmens gekoppelt.

Finnland

Arbeitnehmer in Finnland können mit ihrem Arbeitgeber eine bezahlte Auszeit vereinbaren, um sich auszuruhen, persönliche Interessen zu verfolgen oder sich zu bilden. Sie bekommen Arbeitslosenunterstützung, während der Arbeitgeber sich verpflichtet, einen arbeitslosen Jobsuchenden für diese Zeit einzustellen.

Die Maßnahme wurde 1996 als Zwei-Jahres-Experiment gestartet, um einerseits die Arbeitslosenquote zu senken, nachdem sie in den 90er-Jahren in die Höhe geschnellt ist, und andererseits Arbeitnehmern das Bewältigen der Arbeit zu erleichtern. Es wurde mehrmals verlängert, zuletzt bis Ende 2007, und verändert. So wurde etwa 2002 beschlossen, dass der Arbeitnehmer mindestens zehn Jahre beschäftigt gewesen sein muss und nach dem Sabbatical mindestens fünf Jahre beim Arbeitgeber bleiben muss, die finanzielle Unterstützung wurde auf zwischen 70 und 80 Prozent der Arbeitslosenunterstützung festgelegt, die Dauer auf zwischen drei und zwölf Monate.

In den ersten acht Jahren haben laut einer Studie der Universität Jyväskyls insgesamt 90.885 Arbeitnehmer das Programm in Anspruch genommen, hauptsächlich weil sie eine Pause aufgrund von Stress in der Arbeit brauchten, weil sie mehr Zeit für Hobbys oder Familie wollten oder weil sie die Werte in ihrem Leben überdenken wollten. In der Zeit waren drei Prozent aller Arbeitslosen als Ersatzarbeitskräfte für Auszeitnehmer im Einsatz. Die Auszeitnehmer waren durchschnittlich 43 Jahre alt, was auch der Tendenz in Österreich entspricht, die durchschnittliche Dauer betrug sieben Monate, was sich ebenfalls mit den Erfahrungen in Österreich deckt. Eine kürzere Zeit scheint nicht den erwünschten Erholungs- bzw. Distanzierungseffekt zu haben, eine längere Zeit scheint nicht so leicht organisier- und finanzierbar. So wurde auch das verminderte Einkommen als größte Schwierigkeit während des Freijahrs genannt. Als positive Auswirkungen standen die Verbesserung des physischen und psychischen Wohlbefindens und der familiären Beziehungen ganz oben. Der Großteil der Auszeitnehmer kehrte wieder an den ehemaligen Arbeitsplatz zurück.

Schweden

Ein ähnliches Modell wie in Finnland gibt es seit 2002 in Schweden. Bis zu einem Jahr können Arbeitnehmer auf Auszeit gehen, wenn sie zwei Jahre angestellt waren und wenn stattdessen ein Langzeitarbeitsloser, ein Einwanderer oder jemand Behinderter eingestellt wird. Die Auszeitnehmer bekommen 85 Prozent der Arbeitslosenunterstützung (das entspricht 68 Prozent ihrer normalen Bezahlung) und dürfen zwar nirgendwo anders beschäftigt sein, aber in der Auszeit ein Unternehmen gründen. Die vorerst auf zehn Gemeinden begrenzte Maßnahme wurde 2005 auf ganz Schweden ausgeweitet. Bis Oktober 2004 nahmen 14.400 Arbeitnehmer das Programm in Anspruch, wobei mehr als die Hälfte über 50 Jahre alt war und zwei Drittel Frauen waren.

Urlaubszusammenlegung und Zeitausgleich

Das Urlaubsgesetz sieht vor, dass ein Urlaubsanspruch verjährt, wenn sich der gesamte Urlaubsanspruch von drei Jahren angesammelt hat und der Urlaubsanspruch des vierten Jahres entstehen würde. Das Aufsparen des Urlaubsanspruchs von drei Jahren ist daher theoretisch möglich. In der Praxis sehen Arbeitgeber eine derartige Urlaubszusammenlegung allerdings häufig nicht sehr gern, weil Unternehmen teure Rücklagen bilden müssen. Außerdem verfehlt es den Sinn des Urlaubs, wenn Sie sich jahrelang nicht erholen, damit Sie dann eine längere Auszeit machen können. Wenn es aber nun mal so gekommen ist, dass Sie Ihren Urlaub über Jahre nicht konsumiert haben, dann ist das natürlich eine für Sie günstige Möglichkeit, bei vollem Lohn eine längere Pause zu machen. Dreimal der Mindest-Urlaubsanspruch von fünf Wochen würde also eine Pause von 15 Wochen ergeben. Ein paar Feiertage und ein paar Tage Zeitausgleich dazu und Sie können sich über vier Monate Auszeit freuen. Immer vorausgesetzt, Ihr Chef macht mit.

Viele nutzen auch das Ende eines Jobs für eine etwas längere Auszeit mithilfe von Urlaub und Zeitausgleich. Diese Variante erfordert vermutlich weniger Auseinandersetzung mit dem Vorgesetzten und ist im Lebenslauf nicht ersichtlich, obwohl Auszeit an sich kein schlechtes Image hat.

Unbezahlter Urlaub

Viele Arbeitgeber betrachten unbezahlten Urlaub als jene Form der Auszeit, die sie am ehesten ihren Mitarbeitern gewähren können. Für Arbeitnehmer ist das aber sicher nicht häufig eine Option, denn wer kann es sich schon leisten, so lange ohne Einkommen zu sein? Da müssen schon größere finanzielle Reserven vorhanden sein. Aber unbezahlter Urlaub ist sehr wohl eine geeignete Variante, um größere Projektideen ausprobieren und umsetzen zu können, also für Einkommen auf eine andere Art zu sorgen, weil es in dem Fall kein Beschäftigungsverbot gibt. In Anspruch genommen hat das etwa der Sozialarbeiter Georg Dimitz (vgl. Experteninterview Seite 76). Er hat fünf Jahre unbezahlten Urlaub von der Gemeinde Wien genommen – bei der Gemeinde Wien kann man ohne Angabe von Gründen bis zu zehn Jahre auf Urlaub gehen mit der Garantie auf einen Arbeitsplatz danach –, um in der Zeit die Kulisse, einen Kulturbetrieb in Wien, aufzubauen. Sein Resümee: „Es war wohltuend, einmal von den existenziellen Bedürfnissen, in denen es in der Sozialbarbeit geht, wegzukommen und auf eine höhere Ebene der Bedürfnisse, die der Kultur, zu kommen."

Achtung!

Erkundigen Sie sich,

- **wie sich unbezahlter Urlaub auf Ihre Pension auswirkt;**
- **wie hoch die Kosten für Ihre Selbstversicherung in der Zeit sind.**

(siehe auch Seite 98 f.)

Studienabschluss-Stipendium

Seit dem Wintersemester 2001/02 gibt es in Österreich das Studienabschluss-Stipendium, das zu 46 Prozent aus Mitteln des Europäischen Sozialfonds und zu 54 Prozent von der Republik Österreich finanziert wird und auf das es keinen Rechtsanspruch gibt. 330 derartiger Stipendien werden derzeit durchschnittlich pro Jahr vergeben, damit berufstätige Studierende oder Studierende in Elternkarenz ihre Diplomarbeit schreiben und letzte Prüfungen absolvieren können; wobei es keine Rolle spielt, ob das Studium einmal unterbrochen wurde oder im wievielten Semester man ist. Das Stipendium in der Höhe von 550,– bis 1000,– Euro, abhängig vom Ausmaß der vorangegangenen Berufstätigkeit, wird für maximal 18 Monate vergeben.

Tipp

Versichern kann sich der Studierende über eine günstige freiwillige Selbstversicherung in der Höhe von 21,77 Euro (Stand 2006) bei den Gebietskrankenkassen.

Achtung!

- Wer den Studienabschluss nicht innerhalb von sechs Monaten nach der letzten Auszahlung nachweist, muss das gesamte Stipendium zurückzahlen! Das ist immerhin bei 70 bis 80 Personen pro Jahr der Fall. Es lohnt sich also, genau zu überlegen, ob das Studium in der geplanten Zeit wirklich abgeschlossen werden kann.
- Derzeit gibt es auch keine Absicherung, wenn ein Studium unverschuldet nicht abgeschlossen werden kann – wenn etwa ein Sportstudent einen Unfall hat und seinem Studium nicht mehr nachgehen kann. Ein gewisses finanzielles Risiko muss also einkalkuliert werden.

Voraussetzungen für ein Studienabschluss-Stipendium

- ☺ Das Studium muss bis auf die wissenschaftliche Arbeit und Prüfungen aus Pflicht- und Wahlfächern im Ausmaß von höchstens zehn Semesterstunden (oder zwei Fachprüfungen) abgeschlossen sein. Das Thema der wissenschaftlichen Arbeit muss bereits übernommen sein.
- ☺ In den letzten 48 Monaten vor Zuerkennung des Studienabschluss-Stipendiums muss man mindestens 36 Monate zumindest halbbeschäftigt gewesen sein oder ein diesem Beschäftigungsausmaß entsprechendes Einkommen aus Erwerbstätigkeit erzielt haben (Einkommensteuerbescheid). Gesetzlich geregelte Schutzfristen sowie Kindererziehungszeiten werden berücksichtigt.
- ☺ Die Berufstätigkeit muss man spätestens bis zur Zuerkennung des Stipendiums aufgeben.
- ☺ Bei der Zuerkennung darf man noch nicht 41 Jahre alt sein.
- ☺ Man darf noch kein Studium abgeschlossen haben.

(Quelle: Studienbeihilfenbehörde)

Selbst kündigen –selbst versichern

Wer sich sicher ist, nicht im derzeitigen Job bleiben zu wollen, aber noch nicht weiß, was er stattdessen tun und eine Auszeit dazu nutzen möchte, sich über den künftigen Arbeits- oder Lebensweg klar zu werden, für den ist die Auflösung des Dienstverhältnisses mit anschließender Selbstversicherung die einzige Möglichkeit. Denn wer sich arbeitslos meldet – bei Selbstkündigung käme da übrigens eine vierwöchige Sperrfrist dazu –, kann nicht die Seele am Strand von Teneriffa baumeln lassen oder eine Vision Quest in Südamerika machen.

Selbstkündigung – das sollten Sie wissen

- ☺ Arbeitnehmer können selbst kündigen, wenn sie sich in einem unbefristeten Arbeitsverhältnis befinden.
- ☺ Die Kündigung ist wirksam, wenn sie mündlich ausgesprochen oder die schriftliche Kündigung beim Arbeitgeber eingelangt ist.
- ☺ Angestellte können ihr Dienstverhältnis jeweils zum Monatsletzten unter Einhaltung einer einmonatigen Kündigungsfrist kündigen, so nichts anderes vereinbart wurde. Bei Arbeitern sind die Fristen sehr unterschiedlich geregelt.
- ☺ Die Krankenversicherung läuft noch drei Wochen nach Kündigung weiter, wenn man sechs Wochen vor der Kündigung durchgehend oder im letz-ten Jahr mindestens sechs Monate krankenversichert war. Das bedeutet, dass ärztliche Behandlungen abgedeckt sind, Krankengeld gibt es aber keines.
- ☺ Erkundigen Sie sich, welche Vorteile eine einvernehmliche Auflösung statt einer Selbstkündigung brächte.

(Quelle: Kammer für Arbeiter und Angestellte)

Versicherungsmöglichkeiten

Da in Österreich Versicherungspflicht besteht, muss während der Auszeit eine Lösung für die Krankenversicherung gesucht werden. Mehrere Möglichkeiten stehen zur Verfügung:

- ☺ Freiwillige Weiterversicherung: Die Höhe der Beiträge wird nach dem vorangegangenen Einkommen berechnet, eine Herabsetzung kann allerdings beantragt werden.

😐 Eine kostenlose Mitversicherung mit dem Ehepartner oder dem Lebensgefährten ist möglich, wenn sich der mitversicherte Angehörige um die Erziehung der im gemeinsamen Haushalt lebenden Kinder kümmert oder gekümmert hat. Trifft dies nicht zu, kann der Partner mit einem Beitrag in Höhe von 3,4 Prozent der Berechnungsgrundlage (Bruttoeinkommen) mitversichert werden.

Wer in der Auszeit auch Pensionsversicherung zahlen möchte (nicht verpflichtend), damit auch diese Zeit als Versicherungszeit für die Pension angerechnet wird, kann sich freiwillig weiterversichern. Allerdings kann hier keine Herabsetzung der Beiträge beantragt werden.

😐 Die niedrigste freiwillige Pensionsversicherung beträgt 139,26 Euro pro Monat, wenn Sie ein sehr bescheidenes Einkommen hatten, der höchste Beitrag liegt bei 997,50 Euro, wenn Sie sehr gut verdient haben. Der Betrag wird nach den sozialversicherungspflichtigen Arbeitsverdiensten aus dem Jahr vor dem Auszeitbeginn berechnet (22,8 Prozent der Beitragsgrundlage). Zu diesem Betrag müssen Sie noch die Krankenversicherungsbeiträge und die Unfallversicherung rechnen, um die Gesamtkosten für die Sozialversicherung zu ermitteln.

😐 Die günstigste Versicherung, die sowohl Kranken- als auch Pensionsversicherung umfasst, ist die Selbstversicherung für geringfügig Beschäftigte: Wenn Sie in Ihrer Auszeit nicht ganz und gar nichts arbeiten möchten, sondern gelegentlich – es ist kein Mindestausmaß vorgeschrieben – einer Beschäftigung nachgehen möchten, können Sie sich bis zu einem Einkommen von 333,16 Euro für 47,01 Euro im Monat kranken- und pensionsversichern. Die Unfallversicherung muss ohnehin der Arbeitgeber bezahlen. Wer also seine Auszeit nutzen möchte, um verschüttete Talente auszuprobieren, ist mit dieser Versicherungsvariante gut beraten.

😐 Wer als Selbstständiger eine Auszeit machen möchte, hat die Möglichkeit, bei der Versicherung der Gewerblichen Wirtschaft die Sozialversicherungszahlungen während der Auszeit stilllegen zu lassen, um nicht Beiträge in einer Höhe zu zahlen, die nicht dem Einkommen entsprechen.

(Quelle: Hauptverband der Sozialversicherungsträger)

Literarisches Stipendium

So manch einer träumt davon, eine Auszeit dafür zu nutzen, um die Romanideen aus der Schublade zu holen und endlich umzusetzen, den Mörder im begonnenen Krimi endlich zu überführen oder auch nach Jahren im Brotberuf vielleicht wieder ans Schreiben anzuknüpfen. Bekanntlich dauert es Monate bis Jahre, bis ein gutes Buch fertiggeschrieben ist. Nebenbei, nach einem anstrengenden 8-Stunden-Tag gelingt dieses Unterfangen selten, denn besonders, wenn es sich nicht um kurze Texte wie Märchen oder Erzählungen handelt, muss man sich einfach auf den Handlungsfaden konzentrieren und in der Materie am Stück versinken können.

Elfriede Gerdenits (siehe Erfahrungsbericht Seite 54) hat sich daher in ihrer Auszeit eine winzige Wohnung abseits ihrer Familie gemietet und in Rekordzeit einen Krimi und ein Ratgeberbuch geschrieben. Sprechen die Finanzen gegen ein derartiges Arrangement, kann man sich immer noch auf die Suche nach literarischen Stipendien machen. Manchmal ist damit ein Aufenthalt in einem Ort verbunden, der im Werk vorkommen soll. Ein derartiges Aufenthalts- oder Arbeitsstipendium wird meist für ein bis zwölf Monate gewährt und richtet sich an Schriftsteller, die schon veröffentlicht haben, oder an noch unentdeckte Schriftsteller, die dann mit Arbeitsproben ernsthaft ihr Talent nachweisen müssen.

Einen guten, stets aktuellen Überblick über deutsche literarische Stipendien und Stipendien für Übersetzer bietet die Literaturplattform www.uschtrin.de. Für österreichische Fördermöglichkeiten ist als Informationsquelle das Bundeskanzleramt (www.bundeskanzleramt.at) oder das Literaturhaus (www.literaturhaus.at) zu empfehlen. Dort finden sich Informationen über Stipendien der Stadt Salzburg, des Landes Oberösterreich, des Landes Niederösterreich und der Stadt Wien – etwa das Wiener Autorenstipendium, das Elias-Canetti-Stipendium oder das Wiener Dramatikerstipendium: Jahresstipendien in der Höhe von 1000,– bis 1458,– Euro pro Monat.

Wenn es mit einem Stipendium nicht klappt, glauben Sie doch dennoch an das, was Sie schreiben möchten. Oder tun Sie es einfach, weil Sie es tun müssen. Zugegeben, nicht jeder kann deshalb den Erfolg von Joanne K. Rowling haben, aber motivierend ist es vermutlich doch, dass sie unter widrigsten Umständen – als Alleinerzieherin lebte sie von 69,– Euro Sozialhilfe pro Woche und hatte weder Geld für Schreibmaschine noch Babysitter – ihren ersten Harry-Potter-Band schrieb.

Web-Tipp *Wenn die Geldfrage nicht so sehr im Vordergrund steht, finden sich inspirierende Orte zum Schreiben – ob Provence, Umbrien oder Ostsee – auf* www.platz-zum-schreiben.de. *Meist gibt es spezielle Preise für Langzeitaufenthalte in künstlerischer Umgebung und häufig haben die Vermieter selbst einen persönlichen Bezug zum Schreiben.*

Künstlersozialversicherung

Freischaffende Künstler gelten als Neue Selbstständige, die bei der Sozialversicherungsanstalt der Gewerblichen Wirtschaft versichert sind. Das Wichtigste zur Künstlersozialversicherung:

- ☺ Voraussetzung: Das Einkommen liegt im Jahr über 6453,36 Euro.
- ☺ Für Einkommen unter dieser Grenze kann ein Antrag auf Einbeziehung in die Unfall- und Krankenversicherung, nicht aber die Pensionsversicherung, gestellt werden.
- ☺ Der Künstlersozialversicherungsfonds leistet Beitragszuschüsse zur GSVG-Pensionsversicherung, wenn die Jahreseinkünfte aus der künstlerischen Tätigkeit mindestens 3997,92 Euro betragen, die Summe aller Einkünfte maximal 19.621,67 Euro beträgt.
- ☺ Der Beitragszuschuss des Künstlersozialversicherungsfonds beträgt maximal 85,50 Euro pro Monat.
- ☺ Beitragshöhe wie bei anderen Selbstständigen auch: 9,1 Prozent Krankenversicherung, 15,25 Prozent Pensionsversicherung, einheitlich 7,30 Euro monatlich Unfallversicherung.

Forschungsfreisemester

Forschungsfreisemester für Universitätslehrer bzw. Freistellung, wie die korrekte Bezeichnung lautet, gehört zu den ältesten und gängigsten Auszeitmodellen; manchmal wird regelmäßig alle fünf bis sechs Jahre ein Freisemester beantragt. Wobei das Wort Auszeit in dem Fall ein etwas eingeschränkter Begriff ist. Denn eine derartige Freistellung vom Lehrbetrieb wird zum Zweck der Forschung, der Lehre und der Erschließung der Künste gewährt. Eine unbeschwerte Weltreise ist also nicht Ziel dieser Regelung. Anträge müssen dementsprechend begründet sein. Man hat zwar keinen Rechtsanspruch darauf – außer Rektoren und Dekane, die nach einer Funktionsperiode ein Freisemester ex lege bekommen, um wieder den Anschluss an die Forschung zu finden –, so gut wie immer werden die Ansuchen aber genehmigt. Denn Universitätslehrer sind ja dazu angehalten, zu forschen. Die Frage, die es bei den Anträgen zu klären gibt, ist, ob man zu Forschungszwecken unbedingt im Ausland oder ohne Lehrverpflichtung sein muss. Früher wurden die Anträge vom zuständigen Minister, seit Wirksamwerden der Universitätsautonomie am 1.1.2004 werden sie vom jeweiligen Rektor genehmigt und gehen demnach auch finanziell zulasten der Universitäten, was die Freistellungen schwieriger macht. Das bestätigt etwa die Universität für Musik und darstellende Kunst Wien: „Freistellungen sind grundsätzlich sehr wichtig zur Entwicklung und Erschließung der Künste bzw. zur Forschung der einzelnen Lehrenden einer Universität. Aufgrund der weltweit hohen Reputation unserer Universität gibt es sehr viele Ansuchen bezüglich Freistellung. Durch die neue Situation aufgrund des Universitätsgesetzes ist dies für die Universität allerdings belastender geworden, da die Finanzierung von Ersatzkräften – für die Dauer der Freistellung – gesichert sein muss. Und dies ist angesichts der budgetären Engpässe deutlich schwieriger geworden."

Die entsprechenden gesetzlichen Bestimmungen für die Freistellung von Universitätslehrern finden sich im § 160 Beamten-Dienstrecht (BDG) bzw. – da neu bestellte Professoren Privatangestellte sind – bis zum Abschluss eines Kollektivvertrags für Universitätsangehörige im Vertragsbedienstetengesetz (VBG). Für beide Gruppen gibt es die Möglichkeit einer Freistellung unter Beibehaltung oder Entfall der Bezüge – Letzteres etwa im Fall einer ohnehin bezahlten Gastprofessur. Die Dauer der Freistellung ist nicht, wie der umgangssprachliche Begriff Forschungsfreisemester assoziieren lässt, auf ein Semester begrenzt, sondern richtet sich nach der Art des Projekts.

Achtung! **Bei Entfall der Bezüge sollte man bedenken, dass die Zeit der Freistellung nur bei einem Zeitraum von maximal fünf Jahren für die Pension berücksichtigt wird.**

Von Erspartem leben

Diese Variante der Auszeit soll keineswegs zynisch oder nach „eh klar" klingen. Sie soll als eigene Variante erwähnt werden, weil es eine Gruppe von Auszeitbereiten gibt, die nur auf diese Form zurückgreifen kann: Selbstständige. Sie können mit keinem Arbeitgeber über Urlaubszusammenlegungen, Bildungskarenz oder Sabbatical verhandeln. Insbesondere für Mikrobetriebe oder Ein-Personen-Unternehmen ist es aber meist sehr schwierig, so viel Geld zurückzulegen, dass man längere Zeit davon leben kann. Denn laut einer Studie des Forums zur Förderung der Selbstständigkeit, FO.FO.S, beantworteten nur 26 Prozent der befragten Ein-Personen-Unternehmen die Frage „Reichen die Einkünfte aus Ihrer selbstständigen Tätigkeit, um den Lebensunterhalt zu decken?" mit einem klaren Ja. Damit aber auch diese Gruppe eine realistischere Chance auf eine leistbare Auszeit bekommt, hat die Grüne Wirtschaft erstmals 2006 einen Vorschlag dazu präsentiert: „Bildungssemester oder Bildungspausen in Form eines Sabbatical-Jahres sollen steuerlich begüns-tigt werden, indem für Ein-Personen-Unternehmen der Einnahmenausfall dieses Zeitraumes die Bemessungsgrundlagen der Einkommensteuer in den Folgejahren reduziert." Abgesehen vom finanziellen Aspekt brauchen Ein-Personen-Unternehmen aber auch gute Netzwerke, weil man seine Kunden nicht monatelang unbetreut lassen kann und ja keine Mitarbeiter da sind, die das übernehmen könnten. Nach einem Jahr auf Reisen müsste man mit der Kundenakquise ohne adäquate Vertretung höchstwahrscheinlich wieder komplett bei Null anfangen.

Welches Modell für wen?

Die Entscheidung für eine bestimmte Organisationsvariante zur Umsetzung Ihres Auszeitwunsches hängt von verschiedenen Parametern ab. Und wie schon dargestellt, gibt es Varianten, die nur für eine bestimmte Gruppe von Personen in Frage kommen, wie die Freistellung unter Beibehaltung der Bezüge für Universitätsprofessoren oder literarische Stipendien als Auszeit-Einkommensquelle für Schreibende.

Wollen Sie ...

... Ihre Auszeit möglichst frei gestalten können? Dann ist etwa die Form der Bildungskarenz wenig geeignet, weil Sie 16 Stunden pro Woche an Bildung nachweisen müssen.

... möglichst wenig finanzielle Einbußen haben? Dann ist eine Urlaubszusammenlegung, falls Ihr Vorgesetzter zustimmt, eine geeignete Variante.

... Ihren Arbeitgeber finanziell entlasten? Dann sind Bildungskarenz oder Studienabschlussstipendium mögliche Varianten.

Was Österreichs Unternehmer von Auszeit halten

Mag. Markus Posch, Vorstandsdirektor Human Resources Management & Innovation, Philips Austria GmbH

Was bedeutet Auszeit für Sie?

Mut zur Auszeit bedeutet Mut zu sich selbst. Im Topmanagement finden sich noch wenige derartige Beispiele. Wenn man zehn oder zwanzig Jahre in einem Unternehmen ist und es aus vielen Perspektiven kennen gelernt hat, kann man sich aber nur dann wirklich weiterentwickeln, wenn man sich völlig neue Perspektiven erlaubt.

Wie ermöglichen Sie Mitarbeitern derartige neue Perspektiven?

Bei uns gibt es seit zwei Jahren ein Development Center, das wahnsinnig boomt. Normalerweise gibt es das für junge Mitarbeiter, bei uns für ältere ab 45 Jahren im mittleren und Topmanagement. Hier können sie herausfinden, wie sie sich weiterentwickeln können. So haben wir sozusagen einen zweiten beruflichen Frühling initiiert. Nach einer derartigen Erfahrung kommen die Mitarbeiter auf die wildesten Ideen, die sie vorher gar nicht erwogen haben. Herauszufinden, welche Interessen es neben den beruflichen gibt, kann zu völlig neuen Perspektiven führen. Oft braucht es dann nur ein Stück Bildung oder Selbstfindung, um diese neuen Perspektiven umsetzen zu können.

Und wie sieht es mit der Möglichkeit, eine längere Auszeit nehmen zu können, in Ihrem Unternehmen aus?

Wir erkennen es als Thema, sind aber noch am Anfang. Wir haben kein eigenes Sabbaticalmodell. Wenn jemand aber ein Jahr weg möchte, gibt es schon Möglichkeiten, das zu tun und dennoch in Beschäftigung zu bleiben. In Deutschland ist es sehr üblich, auf einen Teil des Einkommens zu verzichten, das dann in der Auszeit weitergezahlt wird. In Österreich muss jemand allerdings sofort lohnversteuern, obwohl er das Geld zum Teil noch nicht bekommen hat. Praktikable Modelle werden sich europaweit durchsetzen müssen. Denn wir müssen auch dafür sorgen, dass die Mitarbeiter „lebend" ihr Pensionsziel erreichen.

Wollen die Mitarbeiter überhaupt längere Auszeiten?

Eine Umfrage unter Studenten hat jedenfalls einen eindeutigen Paradigmenwechsel gezeigt. Waren früher Geld, Arbeitsplatzsicherheit und Unternehmensimage die wichtigsten Gründe, die ein Unternehmen als Arbeitgeber interessant gemacht haben, ist heute Work-Life-Balance zum drittwichtigsten Faktor geworden. Es gibt also ein höheres Bedürfnis nach individueller Gestaltung der Arbeitszeit in kürzere und längere Arbeitsphasen, aber – und das möchte ich betonen – bei hoher Leis-tungsbereitschaft. Das Dogma der Vergangenheit lautete, dass bekennende Work-Life-Balancer nicht leistungsbereit sind. Das ist ein fataler Schluss.

Wie erklären Sie sich die höhere Bewertung von Work-Life-Balance bei der jüngeren Generation?

Sie haben sich von den Konventionen der Elterngeneration emanzipiert, die sie als brav, treu und aufbauorientiert erlebt haben. Sie sehen, dass das erfolgreich war, aber nicht allein glücksstiftend, und wollen nun Alternativen erkunden. Und 35 Jahre in die gleiche Arbeit zu gehen, war zwar sicher, aber die jüngere Generation ist risikobereiter geworden, auch weil sie zu einem beträchtlichen Teil eine Erbengeneration ist. Das Aufbauen, das Häuslbauen ist nicht mehr so notwendig.

Und wie stehen Ihrer Erfahrung nach ältere Mitarbeiter zu längeren Pausen von der Arbeit?

Sie tun sich schwerer, mit dem Wunsch, weniger zu arbeiten, rauszurükken. Wenn man mit 55 Jahren um Teilzeit anfragen würde, hätte man nicht mehr das Image des „Machers".

Was ist für die Umsetzung lebbarer Work-Life-Balance aus Ihrer Sicht notwendig?

Arbeitszeitliberalisierung. Finanzierungsmodelle, die erlaubt sind. Ein Management, das das Thema auch vorlebt. Und mehr Vorsorge in die Zukunft. Damit meine ich nicht Altersvorsorge, sondern einen finanziellen Polster, der schon vor der Pension abrufbar ist. Wobei meiner Meinung nach Teilzeit mehr boomen wird als richtige Auszeiten. Da steckt der Wunsch dahinter, Raum zu schaffen, um sich außerhalb der Arbeit anderweitig zu beschäftigen. Sei es, dass jemand Bürgermeister seines Ortes sein will oder sein Opasein leben will, wenn er es schon mit den Kindern nicht so gut geschafft hat.

Was braucht es, um Auszeiten sinnvoll anbieten zu können?

Das Zurücklegen von Bruttogehaltsbestandteilen für später muss ausweitbar sein. Es darf nicht sein, dass von Anfang an die gesamte Summe versteuert werden muss. Der Auszeitnehmer entlastet ja den Arbeitsmarkt und zahlt Sozialversicherung. Es ist wichtig, solche Auszeitmodelle organisierbar zu machen, denn sonst werden Auszeitinte-ressenten in die Arbeitslosigkeit zum Schein gezwungen.
Bildungskarenz ist die derzeit am leichtesten verdaubare und am leichtesten durchführbare Form der Auszeit.

Wie treten Mitarbeiter erfahrungsgemäß mit Auszeitwünschen an Sie heran?

In der Regel kommen die Mitarbeiter schon mit ganz guten Ideen, wie man etwas regeln könnte, wer welchen Aufgabenbereich übernehmen könnte etc. Die kreativ sind, haben Chancen auf Verwirklichung einer Auszeit. Wenn ein Mitarbeiter zum Arbeitgeber kommt, ohne dass er selber an die Realisierbarkeit glaubt, wird er nicht erfolgreich sein.

Manche Unternehmen haben Bedenken, dass ein Mitarbeiter nach der Auszeit nicht mehr in das Unternehmen zurückkommt. Wie sehen Sie das?

Angst, dass ein Mitarbeiter wegfällt, weil er unabhängig ist, ist dumm. Mein oberstes personalpolitisches Ziel ist, die Unabhängigkeit zu fördern. Wenn er dann so unabhängig ist, dass er andere Wege geht – sei's drum! Ich halte auch nichts von Bindung der Mitarbeiter an Mitarbeiter-Vorsorgemodelle. Wenn der Mitarbeiter nur deswegen bleibt, was habe ich von dem?

Gibt es Pläne für die Zukunft, Auszeit realisierbarer zu machen?

Ich will hier besonders 55- bis 65-Jährigen vermehrt kreative Gestaltungsmöglichkeiten anbieten und diese etwa mit Vorsorgemodellen unterstützen. Denn es ist besser, die Erfahrung der Mitarbeiter zu einem kleinen Prozentsatz zu erhalten, als sie gehen in Frühpension, weil sie es nicht mehr schaffen.

Kommt für Sie persönlich eine Auszeit in Frage?

Von den Malediven träum' ich nicht, aber andere unternehmerische Perspektiven kennen zu lernen fände ich schon interessant. Warum nicht mein Know-how in einem anderen Teil der Welt umsetzen? Das würde mir taugen. Das müsste aber auch mit meinen familiären Pflichten übereinstimmen und darf nicht auf dem Rücken der Kinder ausgetragen werden.

Bettina Spies, General Manager von Therme Laa – Hotel & Spa: ein Tourismusbetrieb mit 190 Mitarbeitern und Mitarbeiterinnen

Was denken Sie von Mitarbeitern, die mit einem Auszeitwunsch an Sie herantreten?

Dass sie ihre Aufgabe entweder zu engagiert durchgeführt haben und daher ausgepowert sind oder dass sie sich beruflich umorientieren möchten. Oder dass private Stressfaktoren wie familiäre Ereignisse dazu geführt haben, ausgepowert zu sein.

Bieten Sie Ihren Mitarbeitern die Möglichkeit einer längeren Auszeit?

Es ist noch nicht vorgekommen in meiner bisherigen Laufbahn, aber wenn es sich um eine für den Betrieb wichtige Mitarbeiterin oder Mitarbeiter handelt, spricht, wenn es die Geschäftsentwicklung erlaubt, nichts dagegen. Wertvolle Mitarbeiter kann man so weiter an den Betrieb binden.

In welcher Form?

Vorstellbar ist dann unbezahlter Urlaub.

Welche Schwierigkeiten sehen Sie bei der Auszeit von Mitarbeitern?

Es könnte sein, dass jemand anderer die Tätigkeit der „Wiedereinsteigerin" angenommen hat und diese nach der Rückkehr der Auszeitnehmerin versucht zu verteidigen.

Glauben Sie, dass Auszeit als Thema in Zukunft mehr an Bedeutung gewinnen wird?

Ja, durch den Anstieg des täglichen Drucks und Stressfaktors wird es immer wichtiger, regelmäßig Kraft zu tanken, um es nicht zu einer wirklichen langfristigen Auszeit kommen zu lassen.

Welche Voraussetzungen bräuchte es für Sie als Unternehmen, um Ihren Mitarbeitern Auszeit anbieten zu können?

Genügend Auswahl an qualifizierten Mitarbeitern und Mitarbeiterinnen.

Würden Sie als Führungskraft selbst gerne einmal eine Auszeit nehmen?

Nein. In einer Führungsposition hat man eine Verantwortung – einerseits für den wirtschaftlichen Erfolg des Unternehmens, andererseits auch für die Mitarbeiter und Mitarbeiterinnen, deshalb sollte man rechtzeitig auf regelmäßige „Pausen“ achten und mit seinen Energien haushalten.
Eine tatsächliche Auszeit würde ich mir nur bei einem Jobwechsel gönnen: nach Beendigung des einen und vor Beginn des neuen Jobs.

Was tun in der Auszeit?

Es wäre wenig in der Welt unternommen worden, wenn man immer nur auf den Ausgang gesehen hätte.

Gotthold Ephraim Lessing (1729–1781), deutscher Dichter

Reisen

Über die übliche Reisevorbereitung – Was nehme ich mit? Wie ist das Wetter dort? Wie bezahle ich im Land am besten? – hinaus braucht es für eine längere Reise über ein halbes oder ganzes Jahr noch andere Überlegungen, etwa was man mit Wohnung, Haustieren und Pflanzen am besten macht. Für Auszeitnehmer stellt sich aber auch die Frage, wie sie die Reise mit den Zielen für ihre Auszeit in Einklang bringen können, damit einen nicht die Punkte, von denen man eigentlich Pause machen möchte, auf der Reise erst recht wieder einholen. So mancher Auszeitnehmer plant die Reise minutiös durch, ohne Luft zu lassen, oder tut alles, um auch unterwegs auf allen Kanälen mit zuhause Kontakt halten zu können, von Handy über Internet. Möglicherweise möchten oder müssen Sie wirklich ständig erreichbar sein, die Frage aber ist, ob Sie sich wirklich bewusst dafür entschieden haben. Haben Sie Ihr Handy nicht womöglich automatisch eingepackt, weil Sie die letzten Jahre niemals ohne waren? Jetzt in der Auszeit aber hätten Sie die Chance, es mal ohne zu versuchen. Das ist schon der Beginn eines Abenteuers, bevor Sie noch wilde Tiere oder rauchende Vulkane gesehen haben. Diese Fragen sollten Sie vor einer längeren Reise klären:

Was tun mit der Wohnung?

- Macht es Ihnen etwas aus, wenn jemand während Ihrer Reise in Ihrer Wohnung mit Ihren persönlichen Sachen lebt?
  Wenn ja, dann ist eine vorübergehende Vermietung nicht so leicht möglich. Oder aber Sie räumen die Wohnung komplett leer. Oder Sie verstauen Ihre persönlichen Dinge in einem Zimmer, das Sie abschließen und nicht mitvermieten.
  Wenn nein, dann fragen Sie im Freundes- und Verwandtenkreis nach interessierten Mietern oder schalten eine entsprechende Anzeige oder wenden Sie sich an die Mitwohnzentrale – www.mwz.at. Sie vermittelt Kurzzeitmieter wie Künstler, Professoren, Studenten, die vorübergehend in Österreich zu tun haben. Sie müssen in dem Fall nicht das ganze Zimmer oder die gesamte Wohnung leerräumen, Sie müssen nur genügend Platz für die persönlichen Dinge des Gastes schaffen. Mit dieser Vermietvariante ist es auch möglich, Haustiere mitbetreuen zu lassen.
- Wer gießt Ihre Blumen, wenn Ihre Wohnung während der Reise nicht bewohnt wird? Oder bringen Sie lieber die Pflanzen zu Freunden oder Nachbarn?
- Wer könnte Ihre Haustiere betreuen? Sie so lange in einer unbewohnten Wohnung – auch wenn der Nachbar vorbeischaut – zu lassen, ist jedenfalls keine gute Lösung. Tiere brauchen nicht nur Nahrung, sondern auch Zuwendung. Notfalls müssen Sie sich nach einer Tierpension umsehen. Die Kosten belasten Ihr Urlaubsbudget allerdings in einem nicht unerheblichen Ausmaß. Je nach Tier, Ausmaß der Betreuung und Art der Unterbringung müssen Sie mit Kosten zwischen 5 und 20 Euro pro Tag rechnen.
- Wer leert Ihren Postkasten? Oder wäre es praktischer, einen Nachsendeauftrag zu einer Person Ihres Vertrauens zu machen? Auch wenn Sie alle laufenden Kosten automatisch vom Konto abbuchen lassen, also keine Rechnungen erwarten, könnte dennoch eine Aufforderung, als Zeuge vor Gericht zu erscheinen, eine Steuernachzahlung oder eine Todesanzeige in

Ihren Briefkasten flattern. Nicht alles lässt sich vorplanen und nicht alles möchte man unbeantwortet lassen.

- 😐 Bei wem hinterlegen Sie einen Schlüssel, damit im Falle eines Rohrbruches oder ähnlicher unvorhergesehener Ereignisse Zugang zu Ihrer Wohnung bzw. Ihrem Haus besteht?
- 😐 Welchen Nachbarn informieren Sie davon, wo sich Ihr Wohnungsschlüssel befindet?
- 😐 Wollen Sie Ihr Telefon vorübergehend abmelden? Festnetzanschlüsse bei der Telekom können nicht vorübergehend stillgelegt werden. Wer die Grundgebühr sparen möchte, muss das Telefon mit einer Kündigungsfrist von einem Monat abmelden und später wieder anmelden. Das hat zur Folge, dass Sie eine neue Rufnummer erhalten.
- 😐 Wollen Sie Ihren Fernseher abmelden? Dann genügt laut GIS Gebühren Info Service eine vorübergehende Abmeldung mit Unterschrift am letzten Tag des Vormonats. Teilen Sie einfach den Unterbrechungszeitraum mit, dann ist der Fernseher automatisch nach Ihrer Rückkehr wieder angemeldet. Der Fernseher darf für den Unterbrechungszeitraum in der Wohnung bleiben, vorausgesetzt, sie ist nicht untervermietet. Die Vorschrift, wonach kein betriebsbereiter Fernseher in der Wohnung sein darf, wenn er nicht angemeldet ist, wird also in dem Fall kulanter ausgelegt.
- 😐 Haben Sie ohnehin vor, sich irgendwann nach einer neuen Wohnung umzusehen? Wäre jetzt ein guter Zeitpunkt, Ihre Wohnung zu kündigen bzw. zu verkaufen und Ihr persönliches Hab und Gut während Ihrer Langzeitreise bei Bekannten oder kostenpflichtigen Stauraumanbietern unterzubringen? Letzteres ist allerdings nicht gerade billig und eher für Personen gedacht, die keine großen Möbelstücke zu verstauen haben. Sonst bezahlen Sie am Ende womöglich mehr, als wenn Sie die Wohnung behalten.

Was tun mit dem Auto?

- 😐 Auszeitreisende wählen meistens Destinationen, die so weit weg sind, dass es keinen Sinn macht oder unmöglich ist, das eigene Auto mitzunehmen. Wenn das Auto ohnehin nicht mehr Ihren Vorstellungen entspricht, wäre jetzt eine gute Gelegenheit, es zu verkaufen. Dann müssen Sie sich keine Gedanken machen, wo Sie es abstellen und wie es gewartet werden sollte. Außerdem haben Sie natürlich keine laufenden Kosten und zusätzlich das Geld aus dem Verkauf zur Verfügung. Und wer weiß, vielleicht scheint es Ihnen nach der Reise nicht mehr notwendig, unbedingt ein eigenes Auto zu haben.

☺ Sind Sie sicher, dass Sie Ihr Auto behalten wollen, können Sie das Auto und den Versicherungsvertrag vorübergehend stilllegen. Dazu müssen Zulassungsbescheinigung und Kfz-Kennzeichen bei einer Zulassungsstelle hinterlegt werden, Kosten für das Wiederaufleben fallen nicht an. Erkundigen Sie sich bei Ihrer Versicherung über den Mindestzeitraum, der für eine Stilllegung notwendig ist, damit Haftpflicht und motorbezogene Versicherungssteuer anteilmäßig rückverrechnet werden. Die behördliche Frist für eine Stilllegung beträgt maximal ein Jahr, kann aber bei rechtzeitiger Verlängerung auf maximal zwei Jahre ausgeweitet werden. Wenn der Zeitraum von einem Jahr ohne rechtzeitige Verlängerung überschritten wurde, verfällt die Bonus-Einstufung, man beginnt wieder bei Versicherungsstufe 9, wobei zu diesem Punkt Gespräche vorab mit der jeweiligen Versicherung zu empfehlen sind. Außerdem würde das hinterlegte Kennzeichen verfallen, es müsste mit einem neuen Kennzeichen zu vollen Gebühren angemeldet werden.

☺ Wenn Sie eine Kaskoversicherung haben, kann diese auf das „Garagenrisiko" eingeschränkt werden. Für diesen Zeitraum ist die Kaskoversicherung also auf Versicherungsfälle beschränkt, die sich innerhalb der Garage oder des Abstellplatzes ereignen. Die Prämie reduziert sich dadurch.

☺ Ob abgemeldet, stillgelegt oder weiterhin angemeldet, wer das Auto längere Zeit nicht nutzt, sollte es vorher entsprechend warten.

Tipp

Der Autofahrerclub ARBÖ empfiehlt folgende Maßnahmen, wenn Sie Ihr Auto längere Zeit nicht nutzen:

- *Sprit bis auf Reserve runterfahren*
- *Reifendruck erhöhen*
- *Steht das Auto länger als ein halbes Jahr unbenutzt, sollte die Batterie ausgebaut werden.*
- *Weiters sollte das Auto auf einem trockenen Platz – im besten Fall in einer Garage dauergeparkt werden. Keinesfalls sollte es in einer Wiese geparkt werden, da die Feuchtigkeit Rostschäden begünstigt.*
- *Um die Sonneneinstrahlung zu mindern, sollte man hinter die Windschutzscheibe ein Sonnenschild legen.*
- *Eventuell verderbliche Flüssigkeiten oder Gegenstände aus dem Handschuhfach, den Seitenfächern der Türen oder dem Kofferraum entfernen*

Reisen mit wem?

- ☹ Wollen Sie alleine oder mit Partner reisen? Suchen Sie gegebenenfalls rechtzeitig nach einem Reisepartner, indem Sie im Bekanntenkreis fragen oder eine entsprechende Anzeige aufgeben.
- ☹ Wollen Sie mit Ihrem Lebenspartner reisen oder im Grunde Ihres Herzens auch Auszeit von Ihrer Beziehung machen? Wenn Letzteres der Fall ist, ist es ratsam, rechtzeitig ein Gespräch mit Ihrem Lebenspartner zu suchen. Denn nicht jeder versteht sofort, ohne gekränkt zu sein, ein derartiges Anliegen.

Erreichbar sein oder nicht?

- ☹ Wie gut wollen Sie während Ihrer Reise erreichbar sein oder andere erreichen können? Bedenken Sie dabei, dass auch die Nicht-Erreichbarkeit eine interessante Auszeiterfahrung sein kann.
- ☹ Wollen Sie Ihr Handy mitnehmen? Wenn ja, dann erkundigen Sie sich nach den Roaminggebühren, damit Sie keine unliebsamen Überraschungen erleben. Vereinbaren Sie gegebenenfalls einen bestimmten Zeitpunkt pro Tag oder Woche, an dem Sie erreichbar sind, damit nicht auch während der Auszeit ununterbrochen das Telefon klingelt, noch dazu vielleicht mitten in der Nacht, weil die Lieben zuhause den möglichen Zeitunterschied nicht im Griff haben. Abgesehen davon, dass es bei einem Handy auch einen Aus-Knopf gibt ...
- ☹ Wollen Sie per Internet kommunizieren, etwa um in Internetcafés Ihre Mails zu lesen oder um Reiseerlebnisse nach Hause zu schicken? Wenn ja, dann vergessen Sie nicht, die entsprechenden Zugangsdaten mitzunehmen. Klingt zwar selbstverständlich, aber dran denken muss man dennoch.
- ☹ Ist die Auszeit für Sie auch eine Möglichkeit, endlich einmal ohne vollgepackten Terminkalender auszukommen und den Stress zu reduzieren? Dann ist es ratsam, die Reiseroute dementsprechend locker anzulegen und Dinge auch mal geschehen zu lassen, statt sie im Stundentakt zu verplanen.

Checkliste Reisevorbereitung

Wohnung
😐 vermieten
😐 teilweise vermieten
😐 nicht vermieten
😐 kündigen oder verkaufen

Blumen
😐 gießen lassen
😐 zu Freunden übersiedeln

Tiere
😐 zu Freunden übersiedeln
😐 in Tierpension unterbringen

Post
😐 Nachsendeauftrag
😐 von Freunden Postkasten leeren lassen

Wohnungsschlüssel
😐 bei vertrauensvollen Menschen hinterlegen

Telefon
😐 vorübergehend abmelden

Fernseher
😐 vorübergehend abmelden

Auto
😐 vorübergehend abmelden
😐 Kaskoversicherung auf Garagenrisiko einschränken
😐 an geeignetem Ort unterstellen

Reisepartner
😐 suchen
😐 Lebenspartner über Alleinreise-Wünsche aufklären

Erreichbarkeit
😐 Handy mitnehmen
😐 Anrufzeiten vereinbaren
😐 über Roaminggebühren erkundigen
😐 Internet-Zugangsdaten mitnehmen

Erfahrungsbericht

Erfahrungsbericht

Nur mehr die Sorgen, die ins Auto passen

Risikomanagerin DI Sabine Kautschitsch nahm als eine der Ersten das Sabbaticalmodell der Erste Bank in Anspruch und reiste mit ihrem Mann fünf Monate durch die USA.

Ich wollte aus dem Alltagstrott einmal herauskommen und den Druck loslassen. Nach sieben Jahren bei der Bank, ohne dass ich je – weder nach der Matura noch nach dem Studium – eine längere Pause gemacht hätte, war ich müde, ein paar Wochen Urlaub haben zur Erholung nicht mehr gereicht. Deshalb kam mir das Sabbaticalmodell der Erste Bank gerade recht. Ich habe sofort gewusst, das ist meine Möglichkeit, meinen Traum von einer längeren USA-Reise umzusetzen. Um meine Karriere habe ich mir keine Sorgen gemacht, es gibt ja Gott sei Dank die Regelung, dass man in die gleiche Abteilung zurück kann. Ich habe zwei Jahre angespart und ein halbes Jahr Auszeit genommen. Vier Jahre ansparen wäre mir zu lang gewesen. Man weiß ja nicht, was dann sein wird, etwa ob wir einmal Kinder haben möchten.
Wir haben zwar die Wohnung behalten – vermieten und ausräumen wegen einem halben Jahr war uns zu mühsam –, aber die Fixkosten möglichst reduziert, etwa Autoversicherung und Telefon abgemeldet. Auf der Reise selbst war ich erstaunt, mit wie wenig Geld man auskommt, obwohl sie wegen des Mietautos schon auch Einiges gekostet hat. Aber als Erkenntnis von der Reise ist geblieben: Vieles, was man sich im Alltag zuhause leis-tet, ist nur Ausgleich für den Stress im Büro. Auf der Reise ist man mit viel weniger zufrieden und muss sich nichts gönnen, um zu entspannen. Heute noch gehe ich weniger shoppen, weil ich jetzt weiß, dass es oft nur eine Ersatzhandlung ist.

Wir haben quasi aus dem Auto gelebt, was irrsinnig befreiend war. So hatten wir nur die Sorgen, die ins Auto gepasst haben. Damit fielen etwa Rechnungen oder ein Berg Bügelwäsche weg. Da kommt man plötzlich drauf, dass man durchaus auch ohne gebügelte T-Shirts leben kann und die Zeit stattdessen anders nutzen kann. Wenn man zurück ist, muss man aufpassen, dass man diese Erkenntnisse nicht verliert und sich an das Gefühl zurückerinnert. Heute bügle ich, um bei diesem Beispiel zu bleiben, immer noch nur die notwendigsten Sachen, das ist immer noch ein Stück entlastend. Wenn man aus dem Auto lebt, merkt man auch, mit wie wenigen Dingen man eigentlich auskommt. Daheim nimmt man schon für zwei Tage unglaublich viele Dinge mit, weil man glaubt, so vieles zu brauchen. Insgesamt habe ich es als große Bereicherung empfunden, einmal ganz anders zu leben. Wenn der Alltag völlig draußen ist und man Abstand hat, bekommt man eine andere Sicht der Dinge. Man merkt, bis dato wichtige Dinge sind unwichtiger als gedacht und umgekehrt.

Mein Mann konnte Gott sei Dank auch so lange verreisen, denn alleine wäre ich bestimmt nicht gefahren. Er hat vor der Reise gekündigt und sich nach der Auszeit selbstständig gemacht, wovon er immer geträumt hat. Für die Beziehung habe ich die viele Zeit zusammen sehr positiv empfunden. Obwohl wir schon sehr lange zusammen sind, haben wir aneinander einige neue Seiten entdeckt, weil man mehr Zeit miteinander hat und vielleicht ohne den Alltagsstress offener für die Gedanken des anderen ist.

Sehr geprägt hat mich – und das ist auch geblieben –, jeden Tag etwas Neues zu erleben. Die erste Zeit zuhause war daher eher schwierig. Ich habe mich zwar auf meine Freunde und die Familie gefreut, aber im ersten Moment dachte ich, die Decke fällt mir auf den Kopf, weil nichts passiert und alles wieder so bekannt ist. Dann habe ich aber gelernt, was ich machen will, nicht hinauszuschieben, sondern es gleich umzusetzen. So hat man auch weniger das Gefühl, nur für die Arbeit zu leben.

Wir hatten zwar viele interessierte Zuhörer, als wir nachhause kamen, aber zum Teil kam uns auch Unverständnis entgegen, weil für die Daheimgebliebenen nicht nachvollziehbar war, dass man sich geändert hat, manche Dinge nun anders sieht und uns persönlich die Reise auch etwas gebracht hat. Was man in so einer Zeit alles machen kann, haben wir in einem eigenen Weblog (www.mytour-usa.com) von der Reise verdeutlicht. Wir sind ja nicht sechs Monate faul rumgehängt und haben in die Luft geschaut, wie manche denken.
Wieder zu arbeiten, war anfangs schon schwierig. Es hat eine Zeitlang gedauert, bis ich mich wieder an den Rhythmus gewöhnt habe und daran, wieder auf die Uhr zu schauen und Termine zu haben, statt mich einfach treiben zu lassen. Außerdem muss man auch lernen, sich wieder nach anderen zu richten und nicht mehr nur tun und lassen zu können, was man selbst will. Dennoch denke ich, dass der Arbeitgeber sehr von einer Auszeit der Mitarbeiter profitiert. In meinem Fall, weil ich mich persönlich weiterentwickelt habe. Ich bin während der Auszeit mehr draufgekommen, wer ich bin und was ich will. Was man will, kann man dann klarer verfolgen. So kann ich mich heute in der Arbeit besser durchsetzen und besser Prioritäten setzen. Und ich kann mir jetzt mehr vorstellen, dass schwierig scheinende Aufgaben dennoch realisierbar sind.

In fremden Ländern leben

Längere Zeit einmal in einem fremden Land zu leben, übt auf viele Auszeitnehmer einen großen Reiz aus. Sei es um in die fremde Sprache eintauchen zu können, Land und Leute intensiver kennen zu lernen oder um dort zu arbeiten.

Als EU-Bürger haben Sie das Recht, in einem anderen EU-Mitgliedsstaat ohne Diskriminierung zu arbeiten. Diese „Gemeinschaftsvorschriften über die Freizügigkeit der Arbeitnehmer", wie der Fachterminus lautet, gelten auch für die Mitgliedsstaaten des Europäischen Wirtschaftsraums Island, Liechtenstein und Norwegen. Für die Mitgliedsstaaten, die der Europäischen Union am 1. Mai 2004 beigetreten sind, ist eine Übergangszeit von maximal sieben Jahren vorgesehen.

Wollen Sie in einem anderen Land als einem Mitgliedsstaat der EU arbeiten, lassen sich keine allgemein gültigen Regelungen hinsichtlich Arbeitserlaubnis nennen. Erkundigen Sie sich auf der jeweiligen Botschaft über Visumspflicht, maximale Touristenaufenthaltsdauer und Arbeitserlaubnis.

Tipp *EURES (European Employment Service) –* www.europa.eu.int/eures*: Hier finden Sie eine Datenbank mit freien Stellen in 29 europäischen Ländern, detaillierte Informationen über die Lage auf dem Arbeitsmarkt in den einzelnen Ländern und Hilfestellungen für den Umzug.*

Der Umzug

Eine Wohnung suchen, Internet- und Telefonanschluss organisieren, ein Auto kaufen oder mieten, noch dazu wenn man die Sprache nicht oder nicht hundertprozentig beherrscht – zugegeben, das kann eine Herausforderung sein, wenn man in einem fremden Land leben will. Es gibt aber einige Möglichkeiten, sich schon von der Heimat aus vorzubereiten.

☺ Suchen Sie schon zuhause Informationen in Internet-Foren Ihres Wunschlandes. Das können Foren, die Ihrem Berufsstand entsprechen, ebenso sein wie solche, die Ihren privaten Interessen oder Ihrem Hobby entsprechen. Besonders Menschen, die selbst ins Ausland gezogen sind, geben meist gern Auskunft. Über viele Orte bzw. Länder gibt es auch deutschsprachige Foren bzw. Internetplattformen.

Ein paar Beispiele:

Neuseeland: www.nzvillage.com, deutsche Neuseeland-Community
New York: www.nyc-guide-forum.de
Singapur: www.singapur-forum.de
Paris: www.accueil-paris.org. Gegen eine Gebühr von 60,– Euro/Person bzw. 90,–.Euro/Ehepaar unterstützt der Verein Accueil Contacts Paris vor und nach dem Umzug nach Paris.

☺ Vielleicht findet sich ja auch im Bekanntenkreis jemand, der im Land Ihrer Wahl lebt und den Sie vorab über den Alltag im jeweiligen Land befragen können. Auch wenn Ihnen nicht gleich jemand einfällt, streuen Sie Ihre Frage im Freundeskreis aus und Sie werden sehen, dass sehr wahrscheinlich spätestens der Freund der Freundin des Freundes jemanden in Ihrem Zielort kennt.

Flüge und Unterkunft

Flüge und Langzeitunterkünfte reißen meist die größten Löcher ins Auszeitbudget, je nachdem natürlich, welchen Erdteil Sie sich für Ihre Langzeitreise aussuchen. Laut einer Studie der Unternehmensberater Mercer Human Resource Consulting ist New York die teuerste nordamerikanische Stadt. Die teuerste Stadt der Welt, was die Lebenshaltungskosten betrifft, ist demnach Moskau, gefolgt von Seoul, Tokio, Hongkong und London. Aber mit persönlichen Kontakten und kreativer Findigkeit kann sicher auch in den als teuer geltenden Metropolen das eine oder andere Sparpotenzial entdeckt werden. Sicher lassen sich etwa die exorbitanten Mieten in London nicht durch Kreativität reduzieren, aber WG-Zimmer könnten als Billigvariante ebenso wie Wohnungstausch in Betracht gezogen werden. Und warum nicht Diskontmärkte oder indische Stehimbisse versuchen statt über teure Restaurants frus-triert zu sein.

☺ Günstige Flüge lassen sich heutzutage leicht im Internet finden. Einfach gewünschtes Datum und Ort eingeben und schon spuckt die Maschine eine Liste an Flugangeboten der mittlerweile rund 1000 Fluglinien aus. Oder man sucht gezielt nach den Angeboten der Billigairlines. Oder man recherchiert in einer der zahlreichen Preisvergleichsplattformen, in denen Flüge zahlreicher Fluglinien verglichen werden:

www.flug.at, www.flugbuchung.com, www.e-flights.de

☺ Eine weitere Möglichkeit, zu günstigen Flügen zu kommen, sind Flugversteigerungen, etwa bei

www.ebay.de, www.onetwosold.at, www.ltu.de, www.ltur-auktion.de

Auch Ihr Aufenthalt in Ihrem Traum-Land muss kein Loch in Ihr Auszeitbudget reißen, wenn Sie nicht auf Luxusherbergen mit 1A-Service fixiert sind.

☺ www.wwoof.welcome.at.tf (willing workers on organic farms): Die weltweite Vereinigung vermittelt freiwillige Mitarbeit auf Biobauernhöfen gegen Kost und Logis – von Japan bis Ghana.

☺ Als Haushüter betreuen Sie Wohnungen oder Häuser, deren Besitzer verreist sind. Sie können gratis wohnen und bekommen ein kleines Taschengeld. Dafür kümmern Sie sich um hungrige Katzen und Hunde, dürstende Pflanzen, überquellende Postkästen und sorgen mit Ihrem Aufenthalt dafür, dass Diebe ferngehalten werden.
www.haushueter.org: Der Verband deutscher Haushüteragenturen bringt Häuser und Hüter in Deutschland zusammen.
Für österreichische interessierte Haushüter ist die Chance allerdings bei der seit 2003 angeschlossenen österreichischen Agentur www.hauswache.at weit größer.
www.housecarers.com: Die Agentur vermittelt Adressen auf der ganzen Welt. Die Registrierung als interessierter Haushüter kostet 32,– US-Dollar für ein Jahr.

☺ Eine gute Möglichkeit für alle, die gleichzeitig ihre eigene Wohnung betreut wissen wollen, ist der Wohnungstausch. Man stellt die eigene Wohnung oder das Haus zur Verfügung und wohnt gleichzeitig oder zeitversetzt in der Wohnung bzw. im Haus des Tauschpartners. Von Australien bis Schweden ist alles an Auszeitplätzen im Tausch zu finden.
www.fewo-tausch.de: Hier können kostenlos Such- und Bietanzeigen geschaltet werden.
www.homeexchange.com: Mitgliedschaft für ein Jahr: zwischen 25,– und 59,90 US-Dollar.
www.holiday-service.de: Mitgliedschaft für ein Jahr: 120,– Euro
www.4homex.com: Mitgliedschaft für zwei Jahre: ca. 14,– Euro

Fortbildung in New York – Hochzeitsglocken in Kapfenstein

Dr. Maria De Santis, Fachärztin für Onkologie und Hämatologie sowie Innere Medizin am Kaiser-Franz-Josef-Spital in Wien, nahm mit 39 Jahren ein Sabbatical Year und widmete sich in der Zeit ihren Studienprojekten und intensiver Fortbildung.

Ich hatte von der Möglichkeit eines Sabbatical Years bei der Gemeinde Wien gehört und mich innerhalb weniger Wochen dafür entschieden, weil ich fand, dass man so etwas lieber früher als später machen sollte. Erstens ist man in früheren Jahren finanziell flexibler. Und zweitens wird, je älter man ist, vorausgesetzt, dass man alles weiß. Oder es wird angenommen, dass langjährige Erfahrung im Beruf hart erarbeitete Fortbildung kompensiert. Von daher nimmt man sich ein Freijahr dann nicht mehr so schnell. Bei mir war es so, dass ich nach zwei Jahren Ansparzeit mit 39 Jahren mein Freijahr genommen habe, in dem ich drei Monate am Memorial Sloan Kettering Cancer Center in New York – das ist das Zentrum für mein Fachgebiet Uroonkologie mit den besten und berühmtesten Köpfen auf dem Gebiet – als „observer" verbracht habe.

Finanziell war das sehr schwierig, weil man im Freijahr nur die 80 Prozent des Basisgehalts ohne Zulagen bekommt, die Wiener Fixkosten aber weiterlaufen und das Leben in New York extrem teuer ist. Mein Ein-Zimmer-Appartement hat mich 1750,– Dollar pro Monat gekostet, in Manhattan ein ganz normaler Preis. Dazu kamen natürlich die Reise- und Aufenthaltskosten sowie eine Gebühr, um als Gastarzt am Sloan Kettering Cancer Center tätig sein zu dürfen. Ohne meine Ersparnisse und Zuschüsse meiner Mutter wäre das nicht zu schaffen gewesen.

In New York habe ich unter spartanischen, improvisierten Umständen in einem Zimmer in Chinatown gelebt, zurückgeschraubt auf die Basis, was durchaus auch angenehm war, weil ich mich um den Alltagsballast kaum kümmern musste. Ich war völlig auf mich allein gestellt und hatte keinerlei Verpflichtungen, da ich ohne Freunde, Mann oder sonstige Familie in New York war. So konnte ich meinen Tagesablauf sehr selbstbestimmt gestalten, anders als hier in Wien, wo mein Terminkalender immer überquillt.

Ich musste mich außerdem in den Rhythmus einer anderen Gesellschaft integrieren. New York ist sehr schnell, fordernd, laut und heiß. Das ist auch anstrengend und schwierig, besonders wenn man sich auf eine Sache konzentrieren möchte. Die Geschwindigkeit potenziert sich noch dadurch, dass man zu jeder Tageszeit alles erledigen und etwa noch um zwei Uhr Früh in die Putzerei oder einkaufen gehen kann. Hier in Wien ist man in dieser Hinsicht sehr eingeschränkt, so schön die Ruhe auch manchmal sein kann.

Am Memorial Sloan Kettering Cancer Center wurde ich sehr freundlich und professionell aufgenommen, ich habe sehr viel gelernt für mein Fach und konnte Kontakte knüpfen, die ich noch heute pflege. Ich habe gesehen, wo ich mit meinem Wissen im internationalen Kontext stehe, und beobachtet, dass selbst meine großen Idole auch nur Menschen sind und mit Wasser kochen. Außerdem wurde mir klar, warum die Großen meines Faches so gut sein können. Das liegt einerseits an den Menschen selbst, aber auch an den Strukturen, die wir hier in Österreich nicht haben. Dem Arzt wird dort viel an Organisatorischem abgenommen, sodass er nur noch mit medizinischen Entscheidungen konfrontiert ist.

Ich hatte in meinem Freijahr auch die Gelegenheit einer Präsentation eigener Daten auf einem amerikanischen Kongress in Chicago. Die entsprechende wissenschaftliche Arbeit habe ich in diesem Jahr fertiggestellt und 2004 veröffentlicht – was ich ohne das Freijahr nicht so schnell hätte schaffen können. Dadurch habe ich mich in der Nische meines Faches auch international etabliert. Zurück an meinem Arbeitsplatz fühle ich mich daher in vielen Dingen sicherer und lasse mich heute weniger leicht in meinen Entscheidungen beirren. Für das Team war mein Freijahr sicherlich auch Belastung, man hat es mich jedoch nie spüren lassen. Dafür bin ich allen Kollegen und auch meinem Chef sehr dankbar. Statt mir kam zwar ein Sekundararzt, der mich natürlich nicht inhaltlich, sondern nur nummerisch ersetzen konnte. Das Wichtigste aber war, dass ich meine Patienten, die sich mitten in einer Therapie befanden, persönlich an Kollegen übergeben konnte.

Ein Jahr lang nur um die Welt zu reisen, wäre für mich nicht vorstellbar. Ich käme mir unnütz vor. Ich habe einen sinnvollen Beruf, mit dem ich mich voll identifiziere. Das ist ein unglaubliches Privileg. Wenn man als Medizinerin sich ein Jahr lang nicht mit dem Fach beschäftigt, ist man außerdem sofort draußen. Ich habe daher im Urlaub neben Romanen und Erzählungen immer auch Fachliches dabei. Mich in der Literatur treiben zu lassen und zu lernen, macht mir sehr viel Freude. In meinem Freijahr konnte ich das extrem auskosten.

Körperlich habe ich mich auch erholt, weil die sehr anstrengenden Nachtdienste weggefallen sind. Auch der Druck, den man empfindet, wenn es Patienten schlecht geht, ist weggefallen. Für die Patienten und ihre Angehörigen da zu sein, Trost zu spenden, das beschäftigt einen permanent und ist auch seelisch belastend. Mich im Freijahr nur mit der Wissenschaft zu beschäftigen, empfand ich daher als erholsam.

Privat hatte mein Sabbatical Year zur Folge, dass mein jetziger Mann und ich geheiratet haben. Wir waren bis dahin nicht gewohnt, viel zusammen zu sein, weil er als Fotograf viel auf Reisen ist und ich oft auf Meetings bin oder Nachtdienst habe. Als wir gesehen haben, dass wir es auch im Sabbatical miteinander aushalten, wussten wir, wir können sowohl mit Trennungen als auch Nähe gut umgehen, und haben im Jahr darauf, als wir beide 40 waren, geheiratet.

Erfahrungsbericht

Einen Jugendtraum erfüllt

Unternehmensberaterin Andrea Hassler machte acht Monate Pause vom Job und lernte in der Zeit in Marseille Französisch.

Nach fünf Jahren im Unternehmen wollte ich einmal etwas Neues machen. Außerdem wollte ich schon immer einmal im Ausland leben. Das ist mein Jugendtraum. Mit 35 Jahren habe ich mir gesagt, wenn ich es jetzt nicht mache, dann mache ich es vielleicht nie. Mithilfe von Bildungskarenz habe ich dann acht Monate in Marseille verbracht. Ohne lange Vorbereitung bin ich einfach hingefahren und habe mir vor Ort ein Quartier gesucht, von der Ferne eine Unterkunft zu organisieren, fand ich nicht so einfach. Die vorgeschriebenen 16 Wochenstunden an Bildung habe ich mit einem Französischkurs nachgewiesen.

In einem fremden Land muss man natürlich einmal lernen, sich im Alltag zurechtzufinden. Da tauchen viele Fragen auf: Wie funktionieren die öffentlichen Verkehrsmittel, wo kauft man die Tickets, wo kauft man überhaupt am besten was, wie telefoniert man am günstigsten? Aber die Umstellung dauert nicht lange. Man schaut einfach, was die anderen machen, dann gewöhnt man sich schnell an den neuen Alltag. Ich habe zum Beispiel bald gemerkt, dass ich jeden auf der Straße ansprechen kann, weil das alle machen. In Marseille sind die Menschen sehr offen und kommunikativ, freundlich und zuvorkommend. Es war dann eher ein Schock, als ich wieder nach Wien zurückgekommen bin, wo einen keiner grüßt oder einem einen schönen Tag wünscht. In Frankreich habe ich an einem Tag so viele Leute kennen gelernt wie hier in Wien in einem Jahr. Zurück in Wien konnte ich mir gut vorstellen, wie schrecklich es für einen Südländer in Wien sein muss.

Trotz meiner vielen positiven Erfahrungen in Marseille wollte ich aber nie für immer dort leben. Dort herrscht hohe Arbeitslosigkeit, einen Job dort zu bekommen, ist eher unwahrscheinlich, und hier in Österreich kann ich mir mit meiner Arbeit einfach vieles leisten, was dann dort vielleicht nicht der Fall wäre. Es war also keine Frage, dass ich wieder in meinen Job in Wien zurückkehre.

Sinn suchen

Nein, es sind nicht Griesgrämige, Frustrierte, Ewiggestrige und Humorlose, die nur mit einem halben Bein im Leben stehen, die in Klöstern und auf Pilgerwegen einen Sinn über die Arbeit hinaus, nach neuen Wegen für ihr Leben suchen. Wer könnte das eindrucksvoller beweisen, als der bekannte deutsche Entertainer Hape Kerkeling. In Gaby von Thuns Buch „Auf der Suche nach Gott" outete er sich als Pilger, der sich sechs Wochen lang auf den Jakobsweg begab.

Ob die Erfahrung sein Leben verändert hat? „Nein, nicht mein Leben, sondern meinen Blick aufs Leben. Und mein Verhalten. Wie soll ich das beschreiben: Ich gebe einzelnen Dingen nicht mehr so viel Gewicht. Eine schlimme Kritik wirft mich nicht mehr aus der Bahn, ebenso, wie ein großes Lob mich nicht mehr so übermäßig berührt. Wenn man so will, bin ich da eher in meiner Mitte angekommen." Seine Erfahrungen hielt er dann auch in seinem Buch „Ich bin dann mal weg. Meine Reise auf dem Jakobsweg" fest.

Auf Pilgerwegen

Mit seiner Pilgerschaft am Jakobsweg – eigentlich ein Wegenetz, das sich über ganz Europa zieht – ist Hape Kerkeling in guter Gesellschaft, denn der Camino, wie der Pilgerweg nach Santiago de Compostela auch genannt wird, erlebte in den letzten Jahren einen sagenhaften Ansturm. Beschränkte sich die Zahl der Pilger 1989 noch auf 5760, sind 2005 bereits 93.924, darunter 1470 Österreicher, nach Santiago de Compostela zum Grab des Apostels Jakobus unterwegs gewesen. Dementsprechend überfüllt können die Pilgerherbergen im Sommer sein. Dennoch reißt der Pilgerstrom nicht ab, die Sehnsucht nach spirituellem Erleben, nach der Zweisamkeit mit der Natur und nach Entschleunigung des Lebens scheint groß zu sein. Besonders der langsame Rhythmus des Gehens und der ständige Kontakt mit dem Boden verstärkt das Gefühl, aus dem Hamsterrad des Alltags auszusteigen. Befreit von zivilisatorischem Ballast ist der Pilger auf sich selbst reduziert und blickt plötzlich barrierefrei in das Innere seiner Seele. Was er dort an Einsamkeit, Schmerzen, Sehnsüchten und Freude entdeckt, lässt ihn möglicherweise auch zurück im Alltag neue Wege beschreiten. Und laut der freien Enzyklopädie Wikipedia wird die Pilgerurkunde „Compostela" in Spanien und Frankreich zunehmend sogar in Bewerbungsunterlagen verwendet. Die Bewerber würden so zeigen, dass sie über Fachkompetenz hinaus auch in sozialem und spirituellem Verhalten eingeübt sind. Das Pilgern als Punkt im Lebenslauf. In Österreich ist das derzeit wohl noch nicht gängige Praxis, aber das könnte sich hiermit ja ändern.

Tipp 1 Die österreichische Etappe des Jakobswegs wurde erst jüngst wiederentdeckt. Die 800 km lange Route von Wolfsthal nach Feldkirch ging Gerda Siedl im Sommer 2002 alleine. Ihre Erfahrungen hielt sie in einem Buch fest: Gerda Siedl, Mein Jakobsweg durch Österreich, BoD-Verlag.

Tipp 2 Besonders Frauen oder unerfahrene Wanderer sorgen sich häufig, ob sie den Jakobsweg schaffen können, insbesondere wenn sie alleine unterwegs sind. Über diese und ähnliche Sorgen können sich Interessierte beim regelmäßigen Pilgerstammtisch von Gerda Siedl austauschen. Nähere Informationen und Termine: www.mein-weg.at

Tipp 3 Professionelle Begleitung am Jakobsweg bietet DSA Alexandra Beck an. Aktuelle Mitwander-Termine finden Sie unter www.lebenswegebeck.at.

Tipp 4 Mit einem Pilgerpass kann man in günstigen Pilgerherbergen übernachten und bekommt möglicherweise Unterkunft in Pfarrhäusern und Klöstern. Erhältlich ist der Pilgerpass in Österreich bei der Sankt Jakobs Bruderschaft zur Förderung der Pilgerbewegung. Vereinsbeitritt und Pilgerpass kosten zusammen 32,– Euro. Auch Frauen sind als Brüder übrigens willkommen www.radolf.at.

Tipp 5 Bevor Sie sich auf den Weg machen, bereiten Sie sich physisch gut auf die langen Märsche vor, sonst sind Sie beim Pilgern zu sehr durch Muskelkater, Blasen und Konditionsschlappen abgelenkt. Obwohl andererseits auch Schmerzen und Durchhänger gute Lehrmeister am Weg sein können! Ebenso sollten Sie vorher mit dem gepackten Rucksack testpilgern. Dann wissen Sie bestimmt, wie viel Sie wirklich an Gepäck mitnehmen möchten. Was in den Rucksack eines Pilgers unbedingt gehört, finden Sie in Fachbüchern und Internetportalen wie diesem: www.ultreia.ch

6 Wer sich rechtzeitig vor Regen schützen möchte, sollte ein Auge auf Gänseblümchen, Glockenblumen, Krokusse und Disteln haben. Sie schließen ihre Blüten vor dem Regen. Das schreibt Wolfgang Sotill in seinem Buch „Einfach Pilgern".

7 Es muss nicht immer der Jakobsweg sein. Auch andere Pilgerwege wie die Pilgerwege nach Mariazell, die Via Nova nach St. Wolfgang/Oberösterreich oder der Frankenweg von Wien nach Rom sind es wert, ergangen zu werden. Informationen unter www.pilgerwege.at oder www.pilgern.info. Jüngst wieder entdeckt wurde der „Hemma Pilgerweg" in Kärnten: www.hemmapilgerweg.com.

Erfahrungsbericht

Wann, wenn nicht jetzt?

Gerda Siedl hängte mit 50 Jahren ihren Job als Lehrerin an den Nagel, nachdem ihr Sohn gestorben war. Sie setzte den Jakobsweg fort und gründete ein eigenes Unternehmen.

Schon nach der ersten Etappe des Jakobswegs im Sommer 2002, die ich gegangen bin, um meiner Seele auf den Grund zu gehen und meine Stärken und Schwächen in einem anderen Umfeld neu auszuloten, habe ich meine Lehrtätigkeit um 50 Prozent reduziert. Ich habe mehr darauf gehorcht, was mir Spaß macht und mich ausfüllt. Ich habe meine Malerei intensiviert und Ausstellungen organisiert, zwei Jakobswegbücher geschrieben und Diavorträge über den Jakobsweg gemacht. Eigentlich war ich da schon mit einem Fuß draußen und erlebte, wie beglückend es für mich war, nebenbei selbstständig zu sein.

Im November 2003 ist mein Sohn gestorben, nachdem ich ein paar Monate davor meinen jetzigen Lebenspartner kennen gelernt hatte und insgesamt den besten Sommer meines Lebens hatte. Sein unerwarteter Tod – er nahm sich das Leben – war ein enormer Schock, ein großer Einschnitt in mein Leben. Eine Zeitlang habe ich noch brav weiter funktioniert, dann aber habe ich gewusst, ich brauche Zeit für mich, muss mich komplett neu orientieren. Die Endlichkeit des Lebens wurde mir mit dem Tod meines Sohnes sehr bewusst. Ich habe mich vermehrt gefragt, was ich in meinem Leben noch machen will, wie ich leben will und mit wem, und dann gefunden, wenn ich noch etwas anderes in meinem Leben tun will, worauf warte ich dann noch? Ich muss es jetzt tun. Ich war vor der Entscheidung, dass ich entweder zu leben aufhöre und nur noch in Leid und Trauer versinke oder schaue, welche positiven Seiten dieser Schicksalsschlag für mich hat. Dabei habe ich bemerkt, dass das nun auch eine neue

Chance ist, meine ganze Fülle zu leben und mir selbst wichtig zu sein. Ich hatte auch mit der Zeit verstanden, dass mein Sohn mir 22 Jahre geschenkt hat und gegangen ist, um mir noch eine Entwicklung zu ermöglichen. Ohne die Erfahrungen am Jakobsweg, den ich die zwei Jahre davor begangen hatte, hätte ich nicht die Kraft gehabt, seinen Tod zu überwinden. Er hat mich physisch, psychisch und mental stark werden lassen. Die Erfahrung allein am Jakobsweg hat mich auch zum Spirituellen geführt, ich habe gespürt, ich werde nie alleine sein.

Im September 2005 habe ich mich, um nach dem Tod meines Sohnes Zeit für mich zu haben und weil ich die letzte Etappe des Jakobswegs in Spanien nicht im Hochsommer gehen wollte, für ein Schuljahr unbezahlt freistellen lassen und nach einem Jahr um ein weiteres Jahr verlängert. Obwohl ich mit meinen Ersparnissen ohne Einkommen sparsam zwei bis drei Jahre leben könnte, gab es schon einige, die meinten, ich wäre wahnsinnig, mit 50, wo die Pension absehbar ist, eine Auszeit ohne geregeltes Einkommen zu machen. Aber meine Einstellung zu finanzieller Sicherheit hat sich bei mir total verändert, denn ich weiß ja nicht einmal, ob ich 51 Jahre alt werde. Ich hatte außerdem als Alleinerzieherin so viel gearbeitet, um Geld für die künftige Wohnung oder Familienplanung meines Sohnes zu sparen. Was nutzt mir jetzt das Geld auf meinem Konto? Ich hatte ja schon die Jahre vorher mit Ausstellungen und Büchern probiert, mich einzulassen auf das, was ganz meins ist. Erst nach dem Tod meines Sohnes aber habe ich mich getraut, auch das ganze finanzielle Risiko zu tragen. Ich weiß jetzt, es ist im Grunde alles da. Mein Lebensstil hat sich sehr vereinfacht, ich brauche keine 30 T-Shirts mehr, nicht unzählige CDs und Bücher, die ich zum Teil nach Jahren noch nicht gelesen habe. Stattdessen habe ich einfache Genüsse entdeckt, auch durch das Pilgern. Wenn man bei 30 Grad durch Tirol wandert, die Wasserflasche ist leer und man findet ein schattiges Bankerl und eine Quelle, was brauche ich dann noch mehr?

Der Jakobsweg hat aber nicht nur erleuchtende Momente, wie viele glauben, sondern birgt auch viele Herausforderungen für Pilger und Pilgerinnen. Für mich war eine, ein Monat lang ohne Bücher auszukommen. Statt aber das Wanderbuch 100 Mal zu lesen, wie ich dachte, habe ich Zeit als Qualität wahrnehmen und einfach schauen, riechen, hören gelernt. Ich bin einfach in der Wiese gelegen und habe in den Himmel geschaut statt jede Wartezeit mit einem Buch zu füllen. Das Alleinsein mit mir ohne soziales Netz und ohne Handy und kulturelle Ablenkungen musste ich auch lernen, ebenso alleine die Verantwortung zu tragen, sie nicht auf jemand anderen schieben zu können und auszuhalten, wenn ich einmal eine falsche Entscheidung an einer Weggabelung treffe. Dann bin ich eben einmal ein falsches Stück Weg gegangen. Das ist ja kein Drama. Ich habe auch nicht im Voraus geplant, wo ich übernachten werde, denn ich wollte mich bewusst auf Neues einlassen. Es ist mir nicht immer leicht gefallen, diese Sicherheit aufzugeben und mich dem Unbekannten hinzugeben, weil ich sonst sehr strukturiert und organisiert bin. Mit der Zeit ist es mir aber immer besser gelungen, Dinge zu nehmen, wie sie kommen, und zu akzeptieren, wohin und wie weit mich die Füße tragen. Da ich außerdem jemand bin, die gern gibt, ist es mir anfangs auch schwer gefallen, Dinge anzunehmen oder um etwas zu bitten, etwa um Hilfe bei der Quartiersuche. Nach und nach habe ich aber gelernt, Hilfe anzunehmen auch auszuhalten.

Insgesamt hat mich der Jakobsweg gelehrt, mich zu besinnen und genauer hinzuschauen, was ich brauche, um glücklich zu sein. Und es nicht nur zu spüren, sondern es auch zu leben und nicht zu denken: dann, wenn ...

Heute in meiner Auszeit habe ich eine ganz neue Qualität gewonnen, indem ich mich jeden Tag neu entscheiden kann, was ich wann wofür wie machen möchte. Ich engagiere mich in einigen ehrenamtlichen Projekten und habe durch den Jakobsweg meine Geschäftsidee entwikkelt, Menschen beim Ausmisten zu unterstützen. Denn als ich den Jakobsweg ging, musste ich sehr genau entscheiden, was ich mitnehme und was ich loslasse, damit der Rucksack nicht zu schwer wird. Und jedes Mal habe ich nach meiner Rückkehr meine Wohnung freigeräumt von Ballast, weil ich nach der Erfahrung beim Pilgern weiß, wie wenig ich brauche. Heute arbeite ich gleich viel wie vorher, aber selbstbestimmt, weil ich es so will und Lust dazu habe. Ich sehe mich als Mittlerin zwischen den Menschen, die zu viel haben und dies verändern wollen, und jenen, die zu wenig haben – ich bringe die überflüssigen Dinge zu karitativen Organisationen – und diese Aufgabe befriedigt mich sehr. Heute muss ich nicht drei Mal im Jahr irgendwohin fliegen, weil ich etwas arbeite, hinter dem ich stehe und das mich erfüllt. Statt vieler materieller Dinge besitze ich heute viel Freiheit.

Große Dankbarkeit am Jakobsweg entdeckt

Mathilde Bayer, psychiatrische Gesundheits- und Krankenschwester, nahm mit 39 Jahren fünf Monate Auszeit.

Im Sommer 2004 habe ich gemerkt, dass ich in der Arbeit als psychiatrische Gesundheits- und Krankenschwes-ter nach 19 Jahren an meiner psychischen Grenze angelangt bin. Ausschlaggebend dafür war die intensive Klientenarbeit. Ich habe Dinge zu sehr an mich herangelassen, mich nicht genug geschützt und abgegrenzt, sodass mich die Arbeit zuhause noch beschäftigt hat. Als dann auch Arbeitsanrufe zuhause stattfanden, habe ich gemerkt, dass ich etwas übersehen hab. Denn es kann nicht sein, dass die Kriseninterventionauch daheim erfolgt.

Mit dem Gedanken an Bildungskarenz, um eine neue berufliche Perspektive zu entwickeln, habe ich schon vorher gespielt. Dass ich meine Grenzen nicht mehr ziehen konnte, hat den Schritt vorangetrieben.
Außerdem kam ich ins Alter, wo man überlegt, wie und ob man in der Familie so weitermacht wie bisher. Meine Zwillingsmädchen waren zu dem Zeitpunkt 13, mein Sohn 9, der Sohn meines Mannes 17. In dem Alter kommen von den Kindern andere Anforderungen. Als Mutter war ich nun mehr als verhandelnde denn als versorgende Mutter gefragt. Dabei muss man sich mit sich selbst mehr auseinandersetzen, was auch Kraft braucht. Die Frage stellte sich daher, wie viel Energie ich in den Beruf lege und wie viel Energie die Familie braucht. Ich habe dann gefunden, dass ich für meine Kinder auch Reibebaum sein möchte. Bis dato war aber viel von meiner Energie in der Arbeit gebunden und wenig Zeit für Auseinandersetzung.

Dass es so lange gedauert hat, bis die Idee der Auszeit gereift war und ich sie in die Tat umgesetzt habe, lag auch an der Frage, ob ich mir das gönnen kann, ob ich mein Leben nicht auch ohne Auszeit schaffen sollte nach dem Motto „Das schafft doch jede locker" und ob ich dann noch genug leiste ... Und die Frage war auch, ob es sich finanziell ausgeht. Es hat auch bedeutet, dass ich wieder ein Stück von meinem Mann abhängig bin, denn das Taggeld vom AMS reicht nicht.

Ich habe mich dann für fünf Monate Bildungskarenz entschieden, weil das auch finanziell möglich war. Weniger wäre aber nicht gut gewesen, weil es auch eine gewisse Zeit braucht, um Dinge abfallen zu lassen und Kraft zu schöpfen. Ich habe dann einen Fahrplan – ich wollte etwas für Geist, Körper und Seele machen – für die Auszeit gemacht, der nützlich für mich ist, mich aber nicht zupflastert. Dann war es eine gute Entscheidung.

Für den Geist habe ich mir PC-Know-how erworben, weil ich gemerkt hatte, dass ich Scheu davor habe. Das hat mich in der Arbeit behindert. Es hat mich dann sogar interessiert, und ich war froh, dass ich es gemacht hab. Danach bin ich mit einem guten Gefühl wieder in die Arbeit eingestiegen.

Meinem Körper habe ich eine vierwöchige F.-X.-Mayer-Kur zuhause gegönnt. Dabei hab ich gemerkt, wie das Essverhalten mit dem Verhalten im alltäglichen Leben zu tun hat. Dass ich im Alltag zu schnell esse und schauen muss, wo und wie ich Tempo reduzieren kann. Durch das Kautraining musste ich außerdem der Frage nachgehen, wo ich mir eigentlich „vom Leben etwas runterbeiße". Danach nämlich kann man erst loslassen – beim Fasten und im Leben. Loslassen von Altem, auch von den Kindern.

Was kaufe ich zu essen ein, wie bereite ich es zu? Und was davon kann ich meinen Kindern mitgeben? Sie wissen ja gar nicht mehr, was saisonales Gemüse ist. Diese Fragen kamen durch die Kur in den Vordergrund.

Ich wollte den Kindern vorleben, dass man etwas tun kann. Ich bin Teil der Schöpfung, muss mich aber auch so verhalten. Damit geht man einen Schritt weg von der Selbstverständlichkeit, hin zu Wertschätzung und Achtung.

Für die Seele habe ich mich 14 Tage allein auf den Jakobsweg gemacht. Körperlich hab ich mich gut vorbereitet, hab Material getestet und bin längere Strecken gewandert, damit ich den Weg genießen kann. Außerdem hab ich geschaut, dass zuhause alles läuft. Meine Schwiegermutter und meine Eltern waren in der Zeit da. Ich konnte abgeben, ohne viel erklären zu müssen, und hab gesehen, eigentlich gehe ich ja nicht ab. Das muss man auch aushalten! Andererseits war es ein sehr gutes Gefühl, so gut eingebettet zu sein in ein soziales Gefüge. Das erleichtert das Frau-Sein sehr. Vorher war diese Unterstützung vielleicht auch selbstverständlich geworden.

Auf dem Weg selbst hatte ich wunderschöne Erlebnisse. Viele Frauen haben mich angeredet, Einheimische mich auf einen Kaffee eingeladen. Ich habe gelernt, diese Einladungen dankbar anzunehmen und dass ich nicht gleich eine Gegenleistung bringen muss, dass es genügt zu sein, was ich bin. Untertags war ich meist allein mit mir. Dass ich das so gut aushalte, war ein tolles Erlebnis!

Ich bin immer viel gelaufen und Rad gefahren, aber was im Gehen passiert, ist noch einmal etwas anderes. Ich bin generell sonst zu schnell, zu zukunftsorientiert. Das nährt auch sehr die Angst. Im Gehen ist mir bewusst geworden, ich kann die Zukunft sowieso nicht planen, ich kann nur den nächsten Schritt machen. Und den kenne ich. Das hat mir sehr gut getan, die Angst fällt dabei ab, Zukunftsfragen lösen sich auf. Beim Gehen findet man in den eigenen Rhythmus, durch den Gleichklang der Schritte ist man in der Gegenwart. Während der Wanderung bin ich mit sehr Wenigem ausgekommen. Man sieht dann auch das Wesentliche und dadurch stellt sich Dankbarkeit ein.

Was ich an Kraft hab! Das habe ich als enorm erlebt und mich gefragt, wo das im Alltag verpufft. Es wurde klar, dass ich mich auf eines konzentrieren muss. Wie im Alltag habe ich auch beim Wandern den Rhythmus selbst festgelegt: früh aufstehen, Arbeitspensum erledigen, Überblick schaffen, wie sich das ausgeht. Die Genussfähigkeit stelle ich immer hintan. Das ist mir bei der Wanderung auch aufgefallen. Ich hab daher dann auch Pausen eingeteilt, mir etwa am Abend ein Bier gegönnt und mich bei Begegnungen aufhalten lassen – egal ob sich mein Ziel ausgeht oder nicht. Das Eingebundensein in die Schöpfung habe ich stark erlebt, dass ich nichts leisten muss, nur zu sein brauch. Wie entlastend das ist! Das Abgeben braucht eine andere Dimension, eine höhere Dimension.

Meine Familie habe ich alle paar Tage angerufen. Für die Kinder war das eine ganz neue Situation, dass ich nicht da war. Sie waren immer sehr interessiert an meinen Erzählungen. An den Fragen, die sie stellen, habe ich gemerkt, wie groß sie schon sind.

Durch den Weg ist auch mit meinem Mann etwas in Bewegung gekommen, etwas in jeder Hinsicht Positives. Die Zeit, die ich mir genommen habe, hat bewirkt, dass er sich auch fragt, wo er sich als Mann Raum nehmen kann. Unsere Partnerschaft verändert sich jetzt vielleicht so, dass wir nicht unbedingt jeden Urlaub zu zweit oder mit Familie verbringen. Dass wir auch für uns selbst was tun, dass das auch wichtig ist. Das tut uns gut. Ich kann alleine stehen. Mit diesem Wissen kann eine Beziehung unglaublich wachsen.

Mein Resümee aus der Auszeit ist eine irrsinnige Dankbarkeit. Beim Wandern ist das am meisten gekommen. Dankbarkeit, dass ich die Möglichkeit hatte, für mich das zu machen, und Dankbarkeit dafür, was ich mit Familie und Freunden an Beziehungsqualitäten hab. Nach der Auszeit bin ich mit 25 Stunden statt mit 30 Stunden wieder eingestiegen. Ich hab mich mehr aus der Klientenarbeit zurückgezogen und widme mich mehr organisatorischen Aufgaben.

Für die Zeit nach dem Wiedereinstieg wünsche ich mir, dass ich meine Energie dort einsetzen kann, wo sie gebraucht wird. Dass ich das richtige Maß finde, wo ich mich einsetze und wo ich mich zurückziehe. Ich nehme mich manchmal zu wichtig, was mich auch zum Burnout getrieben hat. In der Auszeit habe ich gesehen, dass es auch ohne mich geht, und mir ist klar geworden, dass ich dieses Tempo nicht mehr fahren will, dass ich stattdessen Prioritäten setzen muss. Ich bin froh, dass ich etwas gefunden habe im Gehen, was mir gut tut, weil es mich runterholt und mein Tempo reduziert. Am Ziel meines Jakobswegs in Feldkirch hab ich gewusst, dass hier mein Weg nicht aus ist, dass diese Erfahrung zuhause weiterwirkt.

In der Stille des Klosters

Wer nicht pilgern möchte oder kann, findet ähnliche Voraussetzungen für seelische Innenschau in Klöstern. In vielen – auch österreichischen – Klöstern und Einkehrhäusern kann man problemlos gegen einen Unkostenbeitrag oder festen Tagsatz als Langzeitgast am Gemeinschaftsleben, an Gebeten, Gesängen und Messen teilnehmen oder auch nach Wunsch für sich bleiben. Das bleibt jedem selbst überlassen und richtet sich ganz nach den persönlichen Bedürfnissen. Meist gibt es einen Gastmeister, mit dem die Klostergäste auf Zeit ihren Aufenthalt im Detail besprechen können. Eine bestimmte Religionszugehörigkeit oder der Glaube an Gott ist nicht vorgeschrieben, damit sich die Klosterpforten für Gäste öffnen. Wer nicht an eine höhere Dimension über das Irdische hinaus glaubt, wird aber ohnehin wenig Sehnsucht verspüren, seine Auszeit in einem sakralen Mikrokosmos zu verbringen.

Die Stille des Klosters suchen Manager ebenso wie Künstler, Unternehmer ebenso wie Sekretärinnen, Ehepaare ebenso wie Singles. Aus der Autobahn des Alltags mit dem ewig gleichen Ziel auszusteigen und sie gegen einen Waldweg mit unbekanntem Ziel einzutauschen ist ein häufiges Motiv für Kloster-auf-Zeit-Bewohner. Die spirituelle Umgebung und häufig atemberaubende Architektur mit romanischen Krypten oder gotischen Kreuzgängen tun ein Übriges, um aus neuer Perspektive auf sein bisheriges Leben blicken zu können. Auszeitnehmer sind häufig um die 40 bis 45 Jahre alt, im Alter der so genannten Midlife-Crisis oder besser gesagt Midlife-Chance. Denn noch einmal hat man die Chance, zurück und nach vorne gleichermaßen zu blicken und sich zu fragen: Wie lief mein Leben bis jetzt und will ich es auch weiterhin so haben? Möchte ich weiterhin 60 Stunden die Woche arbeiten oder in Zukunft lieber mehr Zeit meiner Familie oder Freunden widmen? Möchte ich noch zwanzig Jahre in einem Job verbringen, der zwar für finanziellen Wohlstand, aber für seelische Leere sorgt? Reduziert auf das Wesentliche, im Rhythmus der Natur statt im Rhythmus des Terminkalenders tauchen viele ein in sich selbst und entdecken neue Sehnsüchte und neue Möglichkeiten. Das muss nicht gleich der große Bruch, die große nach außen sichtbare Wende im Leben sein. Manchmal nehmen Gäste „nur" die tägliche Meditation als entschleunigende Erfahrung mit und praktizieren sie im Büro, oder sie achten mehr auf naturnahe Ernährung oder entdecken die wohltuende Wirkung von Wald- spaziergängen.

Dass auch Ängste und Ratlosigkeit in der Zeit im Kloster auftauchen können, soll aber auch nicht verschwiegen werden. Es braucht Zeit, um sich an den Klosterrhythmus zu gewöhnen, um die Stille aushalten zu lernen und um zu akzeptieren, was an Gefühlen, Ängsten, Sorgen, Sehnsüchten in der Umgebung ohne störende Nebengeräusche hochkommt.

Und so mancher Klostergast ist anfangs skeptisch, dass die Tage nicht vollgepflastert werden mit Aktivitäten, Programmen, Konzepten, Zielvereinbarungen, wie sie es aus der Arbeit gewohnt sind. Woher soll man so wissen, ob der Aufenthalt erfolgreich absolviert wurde? Erst nach und nach lässt sich für manche begreifen, dass es eben nicht um Erfolg geht und auch nicht um das Absolvieren von Aufgaben, sondern dass der Effekt sich still und heimlich durch eine unspektakuläre Hintertür einschleicht: Man entdeckt die Sinne wieder, lernt zu hören, zu schmecken, lernt, einfach nichts zu tun, langsam zu sein oder sich – je nach Angebot – verwöhnen zu lassen und zu genießen. Und in vertrauensvoller Atmosphäre legt so mancher seinen berufsbedingten Panzer ab und lernt wieder zu weinen und zu lachen. Auch daraus kann nachhaltiges Wohlbefinden wachsen.

Tipps

- *Viele interessante Erfahrungsberichte von Klostergästen finden Sie im Buch: Johannes Pausch, Gert Böhm, Such dir deinen Himmel. Auszeit im Kloster, Kösel-Verlag.*
- *Wo man in Österreich Urlaub im Kloster machen kann, finden Sie auf www.ordensgemeinschaften.at. Auch eine Broschüre zum Thema kann vom Canisiuswerk zugeschickt werden: Tel. 01/512 51 07. Stellen Sie sich bitte auch darauf ein, dass der Ansturm auf Klöster mittlerweile so groß ist, dass ihn manche Gemeinschaften nicht mehr bewältigen können.*
- *Ein Ort der Begegnung zwischen Ost und West ist das Haus der Stille in Puregg, das 1989 von dem Benediktinermönch David Steindl-Rast OSB und dem Zen-Lehrer Vanja Palmers eröffnet wurde. Auch hier kann man am Gemeinschaftsleben für kürzere oder längere Zeit teilnehmen. www.puregg.at.*
- *Auch im buddhistischen Zentrum in Scheibbs/Niederösterreich kann man außerhalb des Seminarbetriebs Zeit zur Einkehr in Form von Einzelretreats verbringen. www.bzs.at*
- *Der heute erfolgreiche niederländische Krimiautor Jan Willem van de Wetering verbrachte mit 27 Jahren zwei Jahre in einem japanischen Zen-Kloster. Seine Erfahrungen sind nachzulesen in seinem Buch „Lehrjahre in einem Zen-Kloster".*

Erfahrungsbericht

Erfahrungsbericht

Geschenkte Zeit

Roswitha Kettl, Pastoralassistentin und Sozialarbeiterin, machte mit 48 Jahren acht Monate Auszeit im Haus der Stille und fand wieder das, was ihrem Leben dient.

Im November 2003 begann ich für mich einen ruhigen Ort zu suchen, wo ich die Tage um Silvester verbringen kann. Ich spürte, dass ich einem Burnout entgegensteuere, fühlte mich antriebslos, kraftlos, depressiv. Eine Tagebucheintragung zeigt von meiner damaligen Gefühlslage: „Ich möchte vieles abwerfen von Ballast und Dingen, die meinem Leben nicht dienen, ... Gott, leg den Zugang zu meinem Inneren frei, damit ich wieder Leben spüre ... o Gott, DU, wo bist Du? DU, das Licht, das meine Dunkelheit erhellt ..."
In diesem meinem „Zustand" machte ich mich von Oberösterreich aus auf den Weg in die Steiermark. Mit Herzklopfen und einem etwas mulmigen Gefühl bin ich in meinem Einkehrhaus angekommen. Noch bevor ich den Eingang sah, starrten mich etliche am Zaun stehende Schafe an, als wollten sie sagen: „Na, du. Auch wenn du dich noch so belämmert fühlst, geh nur rein da, du bist schon richtig."

Schon in dieser einen Woche spürte ich, dass es wirklich „das ganz andere geistliche Zentrum" ist, so wie in den Foldern beschrieben. Beim gemeinsamen Essen und Feiern wird mir die Vielfalt und Buntheit der Gemeinschaft bewusst. Es berührt mich zu sehen, wie Menschen verschiedenster Nationen, Hautfarbe und Sprache, ja unterschiedlichen Alters miteinander kommunizieren, Anteil nehmen aneinander und ihr Leben teilen. Neben den Hausgästen, die ebenfalls den Jahreswechsel hier verbringen wollen, und der ständigen Hausgemeinschaft sind da zwei Männer aus Nigeria, eine gehörlose Frau aus der Türkei, ein Mann aus Liberia und zwei Bosnier. Sie alle haben ihren Platz hier gefunden, sei es, weil sie hier leben oder arbeiten. Ich treffe auf Menschen, die längere Zeit hier sind, um auszuspannen, um zu rasten, Menschen, denen es ähnlich geht wie mir, Menschen, die momentan nicht „funktionieren", die der Heilung bedürfen. Und diese Vielfalt und Buntheit von Menschen, die hier ihren Platz gefunden haben für kürzere oder längere Zeit, lässt mich erahnen, was mit franziskanischer Spiritualität gemeint ist. Und ich spüre, dass dies auch für mich ein Ort ist, um mich wieder zu finden. So sind aus der ursprünglich geplanten Woche zwei Monate und später acht Monate geworden.

Wenn ich jetzt zurückblicke, dann war es wirklich ein „Aufbrechen". An diesem Ort konnte ich mich wieder einlassen auf meinen Weg und der mir innewohnenden Kraft (ver)trauen, weil ich an diesem Ort „SEIN" durfte.
Es gibt vieles, was mir in der Zeit gutgetan hat. Nicht mit dem Auto fahren zu müssen, weil ich in meiner Arbeit irrsinnig viel fahren musste, und stattdessen Zeit zum Gehen zu haben. Die geregelten Zeiten für Gebet, Essen und Stille zu haben, der entschleunigte Lebensrhythmus, dass immer jemand zum Reden da war und das viele Lachen! Ich habe in der Zeit gelernt zu sehen, was mir wichtig ist, und etwa eine starke Sehnsucht nach einer Gebetsgemeinschaft gespürt. Die habe ich mir nach dem Aufenthalt auch zuhause gesucht. Die Zeiten der Stille habe ich jetzt in meinem Alltag eingebaut. Ich habe mich an dieser Oase stärken können an Leib, Seele und Geist und wieder gelernt zu spüren, was ich brauche, was für mich stimmt.

Im Einsatz für andere

Das Gehalt stimmt, die Wohnung ist schmuck, das Auto passt, die Partnerschaft auch. Und dennoch gibt es da eine leise Stimme, die in regelmäßigen Abständen „Ist das alles?" in Ihr Ohr flötet? Eine Auszeit ist bestens geeignet, dieser sinnsuchenden Stimme Gehör zu schenken und sich nach passenden Möglichkeiten umzusehen. Es muss ja nicht gleich ein neuer „sinnvollerer" Job sein, wenn beim vorhandenen viele andere Parameter passen. Das befriedigende Gefühl, sich für andere einzusetzen, kann auch ehrenamtliche Wege gehen. Etwa die Hälfte aller Österreicherinnen und Österreicher engagieren sich ehrenamtlich, durchschnittlich etwa fünf Stunden pro Woche.

Dennoch soll nicht unerwähnt bleiben, dass bei ehrenamtlichem Engagement auch Umsicht geboten ist. Nur weil man nichts für seinen Einsatz bezahlt bekommt, heißt das nämlich nicht, dass man nicht ganz schön ins Schwitzen geraten kann. Insbesondere wenn man sich dafür entscheidet, Menschen wie benachteiligte Kinder, Obdachlose oder Senioren in Pensionistenheimen zu betreuen, sollte man sich dessen bewusst sein, dass man damit auch Verantwortung übernimmt und vor so manche zwischenmenschliche Herausforderung gestellt sein kann. Im Idealfall bieten die Organisationen auch Betreuung für Freiwillige an, damit sie ihre Erfahrungen reflektieren und aufarbeiten können.

Tipp *Die IGFÖ – Interessensgemeinschaft Freiwilligenzentren Österreich – ist ein Zusammenschluss von Freiwilligenzentren in Österreich und vermittelt Freiwillige zu passenden Aufgaben und Organisationen.* www.freiwilligenzentrum.at

Ehrenamtliche Tätigkeit zuhause in Österreich hat den Vorteil, dass man in der Auszeit ausloten kann, ob die Art des Engagements zu einem passt und dann, wenn man wieder in die Arbeit zurückgekehrt ist, vielleicht beibehalten werden kann.

In etwas kälteres Wasser springt man, wenn man sich für einen Einsatz im Ausland entscheidet. Wobei man hier auch realistisch bleiben muss: Wer keine einschlägige Ausbildung im medizinischen oder sozialen Bereich hat, dem laufen die Organisationen nicht gerade hinterher. Im Gegenteil, zu viele Anfragen von Unqualifizierten können deren Arbeit sogar erschweren, wie es etwa bei der Tsunami-Katastrophe in Asien der Fall war. Die Telefone bei den Hilfsorganisationen standen nicht still, unzählige Freiwillige boten ihre Dienste an und hielten die Organisationen auf Trab. In manchen Fällen sind Geldspenden dann der effektivere Weg zu helfen.

Tipp

Angebote für Einsätze im Ausland bieten die folgenden Organisationen. Dabei ist zu betonen, dass man so gut wie immer für die Kosten für den Flug selbst aufkommen muss, oft auch für die Unterkunft und Verpflegung, und manchmal sind auch Teilnahmebeiträge seitens der Freiwilligen zu entrichten:

www.globalvolunteers.org
www.volunteering.org.au
www.entwicklungsdienst.de

Erfahrungsbericht

Wenn man will, dann kann man

Josef Wukovits, Projektmanager der Siemens AG, war sechs Monate im Einsatz für Ärzte ohne Grenzen im Südsudan.

Es ist möglich, etwas zu tun, wenn man es unbedingt tun will. Es ist nichts Sensationelles. Das zu sehen, war ein Schlüsselerlebnis für mich. Davor dachte ich, da ist ein Graben, über den ich nicht springen kann. Es gab immer einen Grund, warum gerade jetzt nicht der richtige Zeitpunkt war, meine Idee umzusetzen. Mit 54 Jahren wollte ich nun wissen, ob es in meinem Leben außer Beruf und Familie noch etwas anderes gibt. Ich wollte helfen und jetzt musste ich es einfach tun, auch gegen den Widerstand meiner Partnerin.
Bei einem humanitären Hilfseinsatz in Afrika gibt es ein Problem und eine unmittelbare Lösung. Das vermisst man in der Arbeit zuhause oft. Bei so einem Einsatz tut man einfach, mit Hausverstand, ohne Hilfe von Managementseminaren oder Survivaltrainings. Ich finde im Nachhinein, dass das jeder Manager einmal tun sollte. Das Passende zu finden, war aber nicht einfach. Niemand hat auf meine Hilfe wirklich gewartet. Das war frustrierend. Dann kam plötzlich der Anruf von Ärzte ohne Grenzen, ob ich mir vorstellen könnte, sechs Monate in den Südsudan zu gehen und dort acht so genannte Primary Health Care Units, eine Art kleine Ambulatorien, aufzubauen. Ganz aufgeregt bin ich heimgefahren und dachte: Jetzt ist es so weit. Jetzt wird es ernst.

Für die Familie war die Reaktion auf die Neuigkeiten durchwachsen. Meine zwei Kinder, damals 19 und 21 meinten: „Super, geh!" Für meine Partnerin war es nicht so einfach. Sie stand dem Projekt bis zum Schluss sehr skeptisch gegenüber, weil etwas Gefahr durch Bürgerkrieg immer dabei ist. Aber ich musste es tun. Und in den ersten Monaten war es dann tatsächlich hart für sie, weil die Nachrichten von mir – aus einem Ort mit 20 Lehmhütten! – nicht ankamen.

Meine Firma hat hervorragend reagiert auf meine Pläne, ein halbes Jahr wegzugehen. Im Team wurde umstrukturiert und ich konnte meine Urlaube zusammenlegen. Das hat aber auch bedeutet, dass ich zwei Jahre lang nach meinem Afrikaaufenthalt keinen Urlaub hatte.

Ich wusste nicht wirklich, was mich erwarten wird. Als ich aus dem Buschflugzeug gestiegen bin, war ich sofort in einer anderen Welt. Die Gedanken an Job und Familie waren mit einem Schlag weg. Wie durch einen Fernseher war ich plötzlich von der Vorstellung in die Wirklichkeit gelandet. Danach kann man süchtig werden. Das verschlägt einem den Atem. Da stehen Menschen, die man sonst nur durch Berichte aus dem Fernsehen kennt. Alle umkreisen einen, lachen und winken. Sie haben meine Haare am Arm berührt und mir die Brille von der Nase genommen. Das war unglaublich. Da vergisst man alles, ich bekomme heute noch eine Gänsehaut, wenn ich dran denke. Die ersten zwei Wochen hab ich nur geschaut und Eindrücke gesammelt. Bereits am ersten Abend habe ich gesehen, wie sie leben: von nackt bis angezogen, mit Speeren oder Kalaschnikows. Das waren Jahrhundertsprünge. In einigen Tagen war ich Mitglied der Gemeinschaft und galt als weiser Alter wegen meiner grauen Haare.

Wenn ich aufgestanden bin, habe ich nie gewusst, was passieren wird. An vielen Dingen bin ich gescheitert. Das war sehr lehrreich. Ich bin hingekommen und hab mir vorgestellt, das ist eine Tätigkeit wie hier: Projektmanagement mit bestimmten Regeln wie regelmäßige Arbeitstreffen, Pläne machen, etwas ändern etc. Das hat überhaupt nicht funktioniert.

Ich habe etwa dort auch Teammeetings eingeführt: Jeden Montag um 16 Uhr sollten sich alle treffen, aber keiner kam. 16 Uhr war für die Einheimischen, die mit Sonnenaufgang und -untergang leben, keine nachvollziehbare Zeitangabe. Ich habe daraus gelernt, dass es in dieser Situation sinnlos ist, die Zeit so genau zu nehmen.
Dass oft Pläne nicht eingehalten wurden, hat mich am Anfang wahnsinnig gemacht. Es war hart zu lernen, dass es keinen Sinn macht, noch straffer zu organisieren. Geholfen hat letztendlich, keinen Druck zu machen, sondern loszulassen und zu warten!

Zuhause dann habe ich in meinem alten Job einerseits bei Besprechungen mehr Gelassenheit an den Tag gelegt, andererseits aber auch mehr Ungeduld entwickelt, wenn Dinge wichtig genommen wurden, die ich angesichts der in Afrika gemachten Erfahrungen nicht mehr für wichtig hielt. Mitgenommen habe ich auch ein anderes Afrikabild, ein anderes Verständnis für die Probleme von Menschen in Afrika, aus so genannten Entwicklungsländern. Zu Hause engagiere ich mich seit dieser Zeit aktiv bei der Organisation Ärzte ohne Grenzen im Vorstand.
Mein Aufenthalt hatte auch Einfluss auf meine Umgebung: Meine Kinder haben begonnen, sich sehr für Entwicklungshilfe zu interessieren, und haben ihre soziale Ader verstärkt, mein Sohn entschied sich dann für Medizin als Studium, und meine Mutter im Mittelburgenland sammelt Spenden für Ärzte ohne Grenzen.
In Wien habe ich dann ein Buch über meinen Aufenthalt geschrieben. Ich habe schon in Afrika zu schreiben begonnen, weil ich auch allein sein wollte nach Tagen mit Menschen, die Grenzen sehr nahe setzen und einem bis aufs Klo folgen. Ich habe Teile davon nachhause geschickt und viele fanden das interessant. So wurde ein Buch daraus. Meine Partnerin hat mir beim Schreiben sehr geholfen, das war dann ein wichtiger Teil einer gemeinsamen Bewältigung meiner Auszeit in Afrika.

Zeit zu lernen

Das Bedürfnis nach Lernen ist in der Auszeit sehr hoch. Das ist nicht weiter verwunderlich, erhöht Weiterbildung doch die Chance auf besseres Einkommen bzw. darauf, einen Job zu finden. Auszeitnehmer denken bei Bildung aber nicht unbedingt nur in diesem beruflichen Kontext, sondern lernen vielfach einfach aus Freude – etwa die Sprache, die sie schon immer flüssiger beherrschen wollten, oder über das Hobby, das sie schon lange professionalisieren wollten. In der Auszeit hat man dann endlich die geistigen und zeitlichen Ressourcen, um sich intensiv einem Thema zu widmen. Später könnte das intensivierte Hobby ja vielleicht doch für das berufliche Fortkommen geeignet sein, auch wenn es anfangs gar nicht danach aussieht, denn es muss ja nicht unbedingt die ursprüngliche Kernkompetenz bzw. der Schul- und Studienabschluss der Weg zum Erfolg sein. Das veranschaulicht etwa das Beispiel von Starköchin Sarah Wiener. Mit 17 Jahren brach sie die Schule in Wien ab, ging nach Deutschland, und ist heute ohne klassische Kochausbildung eine gefragte Köchin bei Film und Fernsehen. Also vielleicht wird, vergleichbar mit Sarah Wieners Kochleidenschaft, auch aus Ihrer Leidenschaft für Bogenschießen oder für Teppichweben einmal eine neue berufliche Option.

Für jene, die sich in der Auszeit bilden bzw. höher qualifizieren wollen, gibt es zahlreiche Möglichkeiten. Ob Sie eine Sprache lernen, indem Sie Bildungskarenz nehmen (siehe Seite 90) oder im Sabbatical medizinische Forschung betreiben oder mithilfe des Studienabschluss-Stipendiums (siehe Seite 96) Ihren Studienabschluss nachholen. Doch auch darüber hinaus gibt es zahlreiche Möglichkeiten für finanzielle Unterstützung von Bildungsmaßnahmen.

Tipp

Unter www.berufsinfo.at/bildungsfoerderung *finden Sie einen guten Überblick über Bildungsunterstützung.*

Tanz auf der Rasierklinge

Mag. Astrid Müllner hat nach sechs Jahren als Redakteurin mit 31 Jahren ihren Studienabschluss nachgeholt. Zuerst genoss sie die viele Zeit, dann holte sie der Stress ein.

Ich habe Publizistik und Völkerkunde studiert und gegen Ende meines Studiums eine Stelle in der Presse bekommen. Während des Publizistikstudiums bekommt man schon sehr früh vermittelt, wie schwierig es ist, mit diesem Studium einen Job zu bekommen, insbesondere im Journalismus. Wenn man dann die Möglichkeit zu so einem Job bekommt, ist das wichtiger, als das Studium abzuschließen. Nach sechs Jahren als Redakteurin in der Presse habe ich dann gemerkt, dass ich eine Pause brauche, weil es trotz aller Freude, die mir die Arbeit macht, doch auch eine sehr anstrengende, stressige Zeit war. Nur Pause machen ohne etwas zu tun, wäre aber finanziell schwierig gewesen. So beschloss ich, das Angenehme mit dem Nützlichen zu verbinden, indem ich mein Studium abschließe. Außerdem gab mir das die Legitimation für eine Auszeit – nach außen und besonders nach innen.

Von der Idee bis zur Umsetzung verging insgesamt ein ganzes Jahr – bis mein Entschluss sicher war, ich mit meinen Vorgesetzten gesprochen und die richtige Form gefunden hatte. Zuerst habe ich mich wegen Bildungskarenz erkundigt. Da ich aber in erster Linie meine Diplomarbeit schreiben musste, war der Nachweis von 16 Stunden Bildung nicht möglich. Dann stieß ich auf die Möglichkeit des Studienabschluss-Stipendiums. Nach einer Menge organisatorischen Aufwands – von Kopieren des Gehaltszettels bis Zusammensuchen schon vergilbter Zeugnisse – hat das dann aber reibungslos ge- klappt. Ich habe mich ein halbes Jahr karenzieren lassen und mich über eine günstige Studentenversicherung selbst versichert.

Meine Vorgesetzten haben mich in meinem Vorhaben sehr unterstützt. Mir wurde weder vermittelt, dass ich nach meiner Rückkehr mit weniger Vertrauen oder Verantwortung rechnen muss, noch musste ich mich darum kümmern, wer meine Arbeit in meiner Abwesenheit macht. Ich selbst hab aber geschluckt bei dem Gedanken an meine Kollegen, die einen Teil übernehmen mussten, zusätzlich wurde aber mehr mit freien Redakteuren gearbeitet. Meine Kollegen fanden trotz Mehrbelastung super, dass ich diese Auszeit nehme, um mein Studium abzuschließen. Manche hätten sich das wohl auch gut vorstellen können.

Ich dachte, dass ich am ersten Tag meiner Auszeit das totale Gefühl der Freiheit erleben würde, das war dann aber nicht so spektakulär. Das kam erst mit der Zeit. Es dauert, bis man loslassen kann. Man geht auch mit so vielen Erwartungen und Vorstellungen in eine Auszeit, und dann kommt alles ganz anders. Ich wollte Akkordeon lernen, meine Plattensammlung ordnen, alle Texte lesen, mit dem Laptop auf der Wiese schreiben und vieles mehr. Gemacht habe ich kaum etwas davon. Eine Beratung am Anfang meiner Auszeit wäre hilfreich gewesen.
Als große Freiheit entpuppte sich, dass ich so viel Zeit hatte. Auf Fragen von Freunden sagen zu können, ich kann mich ganz nach euch richten, war etwa ein ganz neues Gefühl. Oder mal ohne schlechtes Gewissen bis neun Uhr zu schlafen. Allerdings glaubt man, man hat mit einem halben Jahr total viel Zeit. Die verrinnt aber wie im Fluge. Und Tätigkeiten wie Einkaufen oder Wäsche waschen, die man normalerweise nebenbei macht, treten in den Vordergrund, sodass ich mich mit der Zeit gefragt habe, wie ich das früher überhaupt gemacht habe.

Im Nachhinein wurde mir auch klar, dass meine Vorbereitung auf den Studienabschluss, insbesondere die Diplomarbeit, nicht optimal war. Ich musste mich erst total in die Literatur einlesen und ein Konzept machen, bevor ich überhaupt zu schreiben beginnen konnte. Ein halbes Jahr war dafür zu kurz bemessen. So kam ich mit der Zeit ganz schön ins Schleudern und musste angasen, damit ich alles in dem halben Jahr schaffe. Sonst hätte ich das Stipendium von einem halben Jahr zurückzahlen müssen, was finanziell ziemlich arg gewesen wäre. Alles war irrsinnig knapp, ein Tanz auf der Rasierklinge sozusagen. Der Stress während der Auszeit war insofern anders, als man niemand anderen dafür verantwortlich machen kann. Da habe ich gemerkt, dass ich ein Deadline-Junkie bin. Ich brauche offenbar den Druck vor der Deadline, habe aber in diesem Fall den Bogen beinahe überspannt. Mir wurde dann klar, dass ich zwar weiterhin Deadlines brauchen werde, dass ich mir aber etwas derartig Enges nicht mehr antun werde.

Auf das Privatleben hat sich die Auszeit sehr positiv ausgewirkt. Ich habe meine Eltern länger besucht, Freunde spontaner getroffen und musste nicht erst meine Ruhe nach der Arbeit haben, bis ich für meinen Freund wieder ansprechbar war. Ich habe außerdem öfter gekocht und regelmäßig Pilates und Fitness gemacht, was ich, sobald ich kurz wieder im Job war, wieder aufgehört habe.
Finanziell war die Zeit eher recht mühsam. Ich habe zwar 1000,– Euro im Monat bekommen, das Höchstmaß also, aber mit notwendigen Anschaffungen wie Laptop, Drucker und teuren wissenschaftlichen Büchern war das dann dennoch nicht gerade viel. Ich hatte mir zwar vorgenommen, mich einzuschränken. Das war aber nicht so einfach. Denn natürlich wollte ich auch Urlaub machen und ausgehen. Mein Angespartes habe ich daher mehr als angeknabbert, eigentlich verschlungen.

Zurück in der Arbeit, hat mir mein Job – mit erweitertem Verantwortungsbereich – wieder total Spaß gemacht. Ich hatte auch wieder viel mehr Energie, meine Einstellung war wieder besser. Allerdings war ich überrascht, wie sehr sich das Teamgefüge verändert hatte. Obwohl ich mich auch während meiner Auszeit oft mit meinen Kollegen privat getroffen habe, weil ich eine gute Beziehung mit allen habe, war dennoch klar, dass sie auf eine bestimmte Art meinen Part übernommen hatten. Es ist ja klar, dass sie nicht ein halbes Jahr meine Lücke betrauern, aber dennoch war ich überrascht, wie anders die Fäden nun gesponnen waren. Ich habe irrtümlich geglaubt, es wird alles wie vorher sein, es hat dann schon gebraucht, bis ich mit meiner Rolle wieder ganz integriert war.

Was ich aus der Auszeit vermisse, ist, dass ich jederzeit machen kann, was ich will, obwohl ich ohnehin sehr selbstständig arbeiten kann. Die Auszeit hat mir aber auch gezeigt, dass ich für ein Angestelltenverhältnis gut geeignet bin, dass Unternehmerin sein nicht das Wahre für mich wäre. So wurde noch einmal bestätigt, dass der Job der richtige für mich ist. Die Sehnsucht auszubüchsen, und irgendwo im Süden Olivenbäume zu pflanzen, kommt höchstens tageweise, aber das halte ich für ganz normal. Jedenfalls bin ich mittlerweile besser geworden im Puffer-Machen, lasse die Deadlines nicht mehr ganz so knapp herankommen.

Wieder in Schuss kommen

Zuzugeben, dass der Job zu Verschleißerscheinungen an Körper und Geist geführt hat und die Batterien neu aufgetankt werden müssen, ist heute nicht mehr ganz so verpönt wie noch vor wenigen Jahren. Dennoch gibt es Berufsgruppen wie Sozialarbeiter, bei denen sich das Gefühl des Ausgepowertseins als legitimer etabliert hat als bei anderen. Besonders ungern akzeptieren Manager um die 50 ihre nachlassende Belastbarkeit, schließlich gehörten jahrzehntelang ein übervoller Terminkalender, Arbeitstage bis Mitternacht und keine Zeit für Freizeit zu haben zum Image von Erfolg. Absturzgefährdet sind aber auch ganz Junge, die ihren Platz in der Arbeitswelt erst erobern müssen und mangels anderer Vorbilder den mit 50 angeblich immer noch endlos Belastbaren nacheifern. In die Erfolgsfalle, sich für Anerkennung möglichst stark anzustrengen, tappen zunehmend auch Frauen und steuern so häufig zielsicher auf das Burnout zu.

Experten-Interview

Experten-Interview

Mag. Sabine Fabach, Psychologin und Psychotherapeutin, über die Fleißfalle bei Frauen

Was verstehen Sie unter der Fleißfalle, in die Frauen häufig tappen?

Viele Frauen bieten Höchstleistungen, ohne die gewünschten Erfolge zu erreichen, weil sie meinen, mehr Leistung und mehr Einsatz bringen mehr Anerkennung und Erfolg.

Und das ist nicht der Fall?

Nicht unbedingt. Diese Schlussfolgerung ist zwar naheliegend, klingt fair und gerecht, aber leider läuft es in vielen Firmen anders. Übertriebene Pflichterfüllung kann dann sogar hinderlich sein. Wenn Frauen auf der Basis von Fairness agieren und die anderen auf einer anderen Basis, dann geht das auf Kosten der Frauen. Sie sollten sich also situationsbezogene Strategien überlegen und sich fragen, ob Fairness in die Firma passt oder ob es anderes wie mehr Taktik braucht.

Wie läuft es stattdessen in den Firmen, wo nicht nur Leistung und Einsatz zum Erfolg führen?

Selbstpräsentation und sich selbst wichtig nehmen stehen da im Vordergrund. Manchmal macht die Eigenpromotion bis zu 40 Prozent der Arbeit aus, wobei Männer das wesentlich besser beherrschen als Frauen. Zum Erfolg führt außerdem die Fähigkeit, Netzwerke und Bündnispartner zu suchen. Sich Zeit für Kontakte mit den „richtigen" Leuten zu nehmen ist in diesen Firmen daher oft wichtiger, als über der möglichst perfekten Ausarbeitung eines Projekts zu brüten. Fleiß ist oft nur ein zweitrangiges Aufstiegskriterium, wichtiger ist, sich zu profilieren und positiv aufzufallen.

Experten-Interview

Warum aber setzen Frauen häufig dennoch auf Fleiß, um erfolgreich zu sein?

Das liegt an der weiblichen Sozialisation, die Frauen etwa zu Fürsorglichkeit erzieht und Perfektionismus fördert. Und bekanntlich ist es nicht dasselbe, wenn Männer und Frauen dasselbe tun. Wenn beispielsweise ein Mann auf den Tisch haut, ist das eine legitime Entlas-tungsstrategie, eine Frau aber gilt als hysterisch. Wenn Frauen verlieren, trifft sie das häufig auch persönlich, weil sie als Mädchen nicht spielerisch Konkurrenz gelernt haben. Sie gehen daher im Job häufig zu persönlich mit Kritik um und geraten in eine Spirale, mit noch mehr Anstrengung noch perfekter sein zu wollen, um Fehler zu vermeiden.

Ein Druck, der für die Zunahme von Burnout bei Frauen verantwortlich ist?

Dieser Druck entsteht auch noch durch andere Faktoren, nämlich durch die zunehmenden beruflichen Möglichkeiten für Frauen. Dadurch geraten die Frauen unter Druck, beruflich erfolgreich sein zu müssen. Fehler und Unzulänglichkeiten könnten als Schwäche ausgelegt werden und schüren das Vorurteil, dass Frauen für die „harte" Berufswelt doch nicht geschaffen sind. Frauen müssen daher nicht nur ihre Fähigkeiten, sondern auch ihr Geschlecht beweisen. Die Entlastung der Frauen im Haushalt und in der Kindererziehung steigt aber nicht im gleichen Ausmaß.

Gibt es ein Alter, in dem Frauen besonders burn-outgefährdet sind?

30 plus. Denn das ist meist das Alter, wo die Frauen schon ein paar Jahre entweder Kinder oder einen Wahnsinnsjob haben oder beides. Bei gleichbleibender Belas-tung geht ihnen dann die Puste aus.

Oft stehen die Frauen lange unter großem Stress und die Lage kippt, wenn etwas zusätzlich passiert, etwa eine Scheidung oder eine Krankheit oder ein Wohnungseinbruch.

Experten-Interview

Welche Faktoren fördern noch Burnout bei Frauen?

Die Schutzmechanismen bei konstanter Überbelastung funktionieren nicht, die Frauen haben verlernt, auf sich zu schauen. Dazu wäre es notwendig, dass die Frauen ihre Einstellungen und Ansprüche ebenso genau anschauen wie mögliche Belastungen im Außen, beispielsweise durch Kinderbetreuung oder Partnerschaften. Es gibt ja auch so etwas wie ein Beziehungsburnout, das nach dem gleichen Glaubenssatz wie jenem in der Arbeit funktioniert: Wenn ich mich genug bemühe und mich genug anstrenge, dann wird es besser werden.

Kann eine Auszeit bei Burnout helfen?

Bei einem sehr fortgeschrittenen Stadium – körperlicher und psychischer Zusammenbruch – ist eine Auszeit unabdingbar und muss mindestens sechs Monate dauern. Dabei ist es wichtig, sich zu erholen und Kräfte zu sammeln, aber auch Strategien zu entwickeln, die besser zur jeweiligen Lebenssituation passen, damit man nicht danach schnell wieder in einem Burnout landet. Denn je weiter man schon einmal in ein Burnout gerutscht ist, umso schneller gerät man wieder hinein. Eine Therapie ist hilfreich, um herauszufinden, welche Glaubenssätze dazu geführt haben, dass man verlernt hat, auf sich zu schauen.

Und bei einem weniger starken Burnout?

Dann ist eine Auszeit auch anzuraten. Sie muss dann nicht so lang sein und braucht vielleicht nicht unbedingt therapeutische Begleitung, aber ein Urlaub alleine ist dennoch nicht ausreichend, weil auch in diesem Fall neue Strategien für die eigene Lebenssituation gefunden werden müssen. Man ist dann vielleicht körperlich wieder erholt, aber ohne bewusste Auseinandersetzung wird eine Auszeit wenig bringen, die Gefahr des neuerlichen Burnouts ist dann groß. Das Wichtigste ist, wieder spüren zu lernen, wie es mir geht und was ich brauche. Das ist der beste Schutz.

Es muss aber nicht gleich der krasse Fall von Burnout sein, der Menschen zu einer Auszeit bewegt. Manchmal stehen auch andere Motive und Ziele im Vordergrund und erst während der Auszeit bemerkt man, wie ausgelaugt man schon war. Wie soll man auch wissen, wie es sich anfühlt, sich körperlich und geistig wirklich fit zu fühlen, wenn man es Jahre oder gar Jahrzehnte nicht erlebt hat? Aber nach dem Motto „Der Vergleich macht Sie sicher" genießen viele dann, einmal ohne permanente Verantwortung, Zeitnot und Erfolgsdruck durchs Leben zu gehen. Und dann wird plötzlich Verschüttetes wieder frei: Kreativität wird neu entdeckt, die Lust an Sport wiederbelebt und der Körper mit Vitaminen und Ballaststoffen verwöhnt statt ihn mit Fetttriefendem aus dem Schnellimbiss zu quälen.

Erfahrungsbericht

Erfahrungsbericht

Es geht auch ohne mich

Dr. Melitta Kraus, Geschäftsführerin eines karitativen Vereins, hat mit 47 Jahren nach einer Krebserkrankung sieben Monate Auszeit genommen.

Es war nicht schwierig, meinen Arbeitgeber von meiner Auszeit zu überzeugen, er hat mich sogar darin bestärkt. Schwierig war eher, dass ich mich traue, diesen Schritt zu machen. Denn es war für mich anfangs schwer vorstellbar, dass es auch ohne mich gehen kann. Da habe ich mich wohl selbst zu wichtig genommen. Da meine Stelle nicht nachbesetzt wurde, wurde meine Arbeit auf die Mitarbeiterinnen und den ehrenamtlichen Vorstand aufgeteilt. Alle haben die Mehrbelastung sehr gut mitgetragen. Die laufende Arbeit war kein Problem, in der Zeit konnte nur nicht zusätzlich etwas Neues entstehen. Da die Stelle nicht nachbesetzt wurde, haben wir uns auf einen Kompromiss von sieben Monaten geeinigt, eigentlich hätte ich gern ein Jahr genommen.
Meine Auszeit hatte auf den laufenden Betrieb sehr positive Auswirkungen, weil die Vorstandsmitglieder mehr Einblick in die tägliche Arbeit bekamen und die Mitarbeiter mehr gesehen haben, dass der Vorstand Interesse für ihre Arbeit hat.

Ich wollte eine Auszeit nehmen, weil ich gemerkt habe, dass ich nicht mehr so leistungsfähig bin wie vor meiner Krebserkrankung, und habe geahnt, dass ich mir nicht genügend Zeit für Gesundung gegönnt habe. Ich habe ja schon nach sieben Wochen, auch während der Strahlen- und Chemotherapie, gearbeitet. Aber die Arbeit war für mich andererseits auch Therapie. Nach meiner Krankheit hatte ich dann noch einige Schicksalsschläge wie den Tod meiner Mutter zu verkraften, sodass vieles zusammengekommen ist, das in mir die Sorge ausgelöst hat, womöglich wieder einen Rückfall zu bekommen.

Es war klar, dass ich als Auszeitform die Bildungskarenz wähle. Auf die Idee, in Krankenstand zu gehen, bin ich nicht gekommen. Ich hatte ein Alter erreicht, wo in der Bildungskarenz ein Entgelt in Höhe des fiktiven Arbeitslosengelds bezahlt wird (Anm.: gilt ab 45 Jahren). Das war eine Erleichterung, denn die Kinder waren noch in Ausbildung und brauchten dementsprechend finanzielle Unterstützung. Ich wollte die Zeit positiv für mich nutzen, wollte Spanisch lernen und mich erholen. Erschwerend kam dazu, dass in der Zeit die Richtlinien für Bildungskarenz (Anm.: ab 2005) geändert wurden und man mindestens 16 Stunden pro Woche an Bildung vorweisen musste, was bei einem Spanischkurs schwierig ist. Alternativ tat sich dann aber die Möglichkeit eines Spanisch-Studiums auf. Ich habe also an der Uni inskribiert und mit großer Begeisterung drei Mal in der Woche den Grundkurs besucht, zwischendurch viel gelernt und auch die Prüfungen absolviert. Es hat Spaß gemacht, wieder auf der Uni zu sein mit lauter jungen Menschen. Ich hab mich wie eine Studentin gefühlt, bin mit dem Rad auf die Uni gefahren und hab mich so auch gleichzeitig erholt. Es war ein Stück Freiheit, mich jederzeit in der frischen Luft bewegen zu können, heute muss ich, wenn ich joggen will, das um 6 Uhr früh tun.

Aber es war gar nicht so leicht, sich an die Freiheit zu gewöhnen. Am ersten Tag bin ich gleich krank geworden, nachdem ich in der Zeit davor noch alles in der Arbeit erledigt habe und nachdem ich am ersten Tag der Auszeit gleich mit Erledigungen weitermachen wollte, indem ich meinen Kleiderkasten in Ordnung bringe. Schon zu Mittag konnte ich dann nicht mehr. Ich habe mir dann gesagt, ich sollte diese Zeit nicht einteilen, sondern die Freiheit nutzen. Nach zwei Monaten habe ich mir einen Mittelfußknochen gebrochen. Das hab ich als Hinweis gesehen, mir die Frage zu stellen, ob ich wieder zu schnell, zu leistungsorientiert unterwegs war.

Zurück von der Auszeit muss man sich in der Arbeit schon wieder seinen Platz erobern und auch darauf achten, nicht gleich wieder ins alte Fahrwasser zu kommen. Bewahrt habe ich mir aber die Erkenntnis, dass manches auch ohne mich geht und nicht alles erzwungen werden kann. So gehe ich an manche Dinge gelassener heran und gönne mir eine freiere Arbeitszeit, um etwa eine Lymphdrainage tagsüber unterbringen zu können. Dafür bleibe ich dann am Abend länger. Ich achte mehr darauf, was mein Körper mir sagt, gehe bewusster mit meinen Ressourcen um und kann jetzt am Wochenende besser abschalten.

Einfach nichts tun, einfach Zeit haben

Die starke Definition des eigenen Wertes über die Arbeit – auch eine wesentliche Ursache für Burnout – führt dazu, dass sich viele in der Auszeit vor die bange Frage gestellt sehen: „Wer bin ich ohne Arbeit?", und darauf erst mal keine Antwort wissen. Was Ram Dass, ehemaliger Psychologieprofessor in Harvard, später spiritueller Lehrer, in seinem Buch „Die Reise geht weiter" so erklärt: „Wir werden das Gefühl nicht los, dass unsere Lieblingsbeschäftigungen – beispielsweise unter einem Baum zu sitzen oder Musik zu hören – trivial und irgendwie falsch sind. Weil wir ein Leben lang äußere Bestätigungen dafür brauchten, dass wir ‚gut genug' sind, erfahren wir beim Entzug von Möglichkeiten zur Leistung ein Gefühl des Unbehagens." Was wir gerne tun, ist nicht Arbeit? Was Spaß macht und leicht geht, damit kann ich doch nicht mein Geld verdienen? Kommen Ihnen diese Glaubenssätze bekannt vor? Kein Wunder. Denn jahrhundertelang wurde Arbeit mit Belastung gleichgesetzt.

Experten-Interview

Experten-Interview

Dr. Hans-Joachim Fuchs, Arzt für Allgemeinmedizin, Psychosomatische Medizin und Arbeitsmedizin, über sinnerfüllte Arbeit und Nichtstun

Wieso scheint es heutzutage so selten der Fall zu sein, dass das, was man gern tut, auch das ist, was einen ernährt?

Weil im Arbeitsbereich noch immer der alte Arbeitsbegriff, der sich historisch aus diversen Formen der Zwangsarbeit herleitet, Akzeptanz findet. Idealerweise ist aber Arbeit das, was man gerne tut. Denn hoch motivierte Berufstätigkeit ist gewiss lebensverlängernd. Besonders langlebig sind bekanntermaßen Universitäts- professoren.

Wie lautet die gängige Definition von Arbeit im Gegensatz zu Nichtstun?

Sie wird mit einer strukturierten Tätigkeit gleichgesetzt, die mühsam, anstrengend und belastend ist. Außerdem beinhaltet sie auch fremdbestimmt-weisungsgebundene Ergebenheit und streng kontrollierte Leistungserbringung. Der gängige Begriff der Arbeit hinkt hinter der Wirklichkeit her.

Wie müsste die Definition von Arbeit an die Wirklichkeit angepasst werden und warum?

Die korrekte Definition von Arbeit ist wichtig, weil daraus unnötige Karriereabbrüche und Burnout resultieren. Heutige Arbeit ist eigenverantwortliche, selbstorganisierte, selbstbewusste und selbstbestimmte Berufstätigkeit mit genügend Raum zur Selbstreflexion und Persönlichkeitsentwicklung und mit wohldefinierten Kompetenzzuschreibungen. Vertrauen ist Voraussetzung für die Auftragsvergabe. Man spricht z. B. auch von Vertrauensarbeitszeit. Sich zurückzulehnen und eine Idee entstehen lassen, gehört auch dazu. Außerdem müssten jene, die viel arbeiten, auch viel nichts tun.

Wir scheinen das Nichtstun aber verlernt zu haben. Woran liegt das?

An einer gewaltsamen Erziehung, die erzwingt, dass Vorgaben einer äußeren Ordnung und Leistungsanforderungen erfüllt werden, und die Zuversicht, Selbstvertrauen und Phantasie schwächt. Nichtstun aber be- inhaltet, Freiheit zu genießen und Aktivitäten selbst gestalten zu können. Ich bedaure sehr, dass junge Menschen oft ihre ganze Freizeit für die Arbeit aufwenden, bis sie irgendwann nicht mehr können und womöglich arbeitslos werden.

Gibt es ein schlechtes und ein gutes Nichtstun?

Es gibt ein kreatives und ein depressives Nichtstun. Das kreative Nichtstun erfolgt freiwillig und gehört zum Gleichgewicht. Es beinhaltet auch, dass man Abstand gewinnt vom ständigen Tun. Das depressive Nichtstun ist eine aus der Krankheit erzwungene Perspektivelosigkeit. In diesem Fall braucht man Hilfe.

Das Nichtstun wieder zu lernen und mit der plötzlich reichlich vorhandenen Zeit etwas anfangen zu können, ohne sich mit Aktivitäten zuzupflastern, ist eine der größten Herausforderungen für viele Auszeitnehmer. Nicht selten verplanen sie daher anfangs ihre Auszeit genauso dicht, wie sie es vorher mit ihrer Arbeitszeit getan haben, bis ihnen meist irgendwann bewusst wird, dass sie einer Gewohnheit folgen und genau jetzt die Chance hätten, eine neue Zeitqualität zu erleben. Oder sie geraten unter Druck, weil sie das Gefühl haben, dass sie langsam etwas tun „wollen sollten", wo sie doch jetzt so viel Zeit haben. Nach der ersten Erleichterung und Euphorie über die Entlastung und die Möglichkeiten in der Auszeit fällt so mancher daher in ein dunkles Loch, in dem die Frage nach einem neuen Umgang mit Zeit lauert. Entsetzte Ausrufe der Umgebung wie „Was, du hast nichts geplant? Jetzt könntest du so viel tun. Warum tust du nichts?" verschärfen für so manchen die Situation. Die Erkenntnis, dass das Nichtstun eine eigene Qualität hat und dass Zeit nicht vermehrbar oder reduzierbar ist, auch wenn einem Staumeldungen wie „Zeitverlust: eine Stunde" etwas anderes suggerieren mögen, muss sich erst langsam seinen Weg bahnen. In den Köpfen der Auszeitnehmer selbst und in jenen der Umgebung, die mit genau solchen Fragen Druck auf die Auszeitnehmer ausübt, als ob diese sich durch Nichtstun in bedrohliche Aliens verwandeln würden. Und auf eine gewisse Weise ist das vermutlich auch der Fall. Denn wer nicht reichlich Zeit zur Verfügung hat und sich stattdessen mit viel Mühe freie Zeit zwischen Arbeit und Familienpflicht freischaufeln muss, hat häufig das Gefühl, in der knappen Zeit, möglichst viel „Angenehmes" und Konstruktives unterbringen zu müssen. Wenn dann einer daherkommt und trotz reichlich vorhandener Zeit einfach nichts tut, ist das eigene Freizeit- und Erholungskonzept in Frage gestellt.

Dass Nichtstun häufig nicht ins Konzept passt, lässt sich auch am Trend zu Urlaubsanimationen erahnen. Ein Beachvolleyballturnier am Nachmittag, ein Karaoke-Wettbewerb am Abend, ein Stretching-Kurs am Vormittag – so ist das gewohnte Terminleben auch im Urlaub vorhanden und die Umstellung zum Arbeitsalltag nicht gar so krass. Und wer nicht eine Weile seelebaumelnd vor sich hindöst oder stundenlang gemütlich am Strand entlang wandert oder versunken mit seinen Kindern Sandburgen baut, läuft auch nicht so schnell Gefahr, die innere Stimme zu vernehmen, die einem vielleicht die Frage stellt, ob man den derzeitigen Arbeitsalltag wirklich bis zu seiner Pensionierung haben möchte.

Erfahrungsbericht

Zeit für mich nehmen – ich habe es mir verdient

Theres Fritz nahm nach 13 Jahren Tätigkeit als Sozialarbeiterin am Amt für Jugend und Familie der Gemeinde Wien ein Jahr Auszeit. Vor allem die viele freie Zeit musste die 41-Jährige im Sabbatical erst erobern.

Es gab viele Gründe, warum ich ein Sabbatical nehmen und auch nicht vier Jahre darauf warten wollte, sondern schon nach zwei Jahren Ansparzeit mein Freijahr genommen habe. Als meine heute 16-jährige Tochter noch klein war und ich sehr mit ihr beschäftigt war, habe ich immer davon geträumt, irgendwann einmal viel Zeit für mich zu haben. Vor Jahren dann habe ich körperliche Probleme bekommen, für die keine wirkliche Diagnose gefunden werden konnte, und ansatzweise war ich auch depressiv. Das waren wohl die ersten Anzeichen von Burnout, nach 13 Jahren am Jugendamt hatte ich dann das Gefühl, dass ich es nicht mehr aushalte und dringend Veränderung brauche. Von meinem Arbeitgeber wegzugehen wäre aber absurd gewesen, schließlich ist es ein sicherer und nicht schlecht bezahlter Job, was für mich als allein erziehende Mutter wichtig ist. Also war ein Freijahr die Lösung, um einmal weg von der permanenten Verantwortung und vom Wahnsinn der Familiengeschichten zu kommen, mit denen man in meinem Job ständig konfrontiert ist. Das ging ja so weit, dass ich auch am Wochenende und am Abend dachte, hoffentlich passiert in der und der Familie nichts. Trotz Routine waren die Probleme übermächtig und ich wollte mich einfach eine Zeit lang nicht mit ihnen auseinandersetzen.

Ich habe mir für das Freijahr nicht viel vorgenommen, bin auch nicht der Mensch, der alles umkrempelt oder große Reisen macht, sondern eher jemand, der einmal schaut und darauf vertraut, dass der Weg schon kommen wird.

Ich habe zwar einen Gebärdensprachkurs gemacht, Kunstgeschichtevorlesungen besucht und eine Ausbildung begonnen, aber das Wichtigste war, einfach nur Zeit zu haben, mich mit Freundinnen zu treffen, viel zu lesen und zu schlafen. Früher habe ich auch viel geschlafen, aber eher weil ich so fertig war. Im Freijahr bin ich draufgekommen, dass ich prinzipiell viel Schlaf brauche.
Eines der wenigen Dinge, die ich mir vorgenommen hatte, war wieder Ziehharmonika zu spielen. Ich habe mir zwar Noten gekauft, aber gemacht habe ich es dann nicht. Den Satz „Wenn ich einmal Zeit habe, mache ich das" kann ich mir also für die Zukunft sparen. Das ist auch eine Entstressung.

Ich hatte mir einen Kalender gekauft und anfangs alle Termine eingetragen, später habe ich ihn nicht mehr gebraucht. Ich hatte einfach nicht mehr so viele Termine und konnte sie mir daher alle merken. Das war ein ziemlicher Unterschied zu meiner Arbeit, wo ich oft jede Stunde einen Termin nach dem anderen hatte und dann noch schnell meine Tochter abholen, Aufgabe machen, einkaufen etc. musste. Ich habe auch erst lernen müssen, dass ich keinen Stress mehr habe und es egal ist, wann ich aufstehe, und dass ich mir das zugestehe, ohne ein schlechtes Gewissen zu haben. Es ist erlaubt, länger zu schlafen oder nichts zu tun, weil ich es mir auch verdient habe. Gleichzeitig war mir aber auch bewusst, dass es ein absolutes Privileg ist, so viel Zeit zu haben und dennoch nicht arbeitslos zu sein.

Die meisten fanden es super, dass ich das Freijahr nehme, manche aber haben gemeint: Wie kann man in der Zeit nur zuhause bleiben? Auf ihre Frage „Was tust du?" habe ich dann geantwortet: „leben". Meiner Mutter habe ich lange nichts von meiner Auszeit erzählt, sie reagierte dann auch wie erwartet mit Unverständnis, dass man in Zeiten wie diesen so etwas doch nicht machen könne. Sie hatte Angst, ich würde meine Arbeit verlieren.

Ich selbst hatte schon auch Angst, aber nicht davor, meinen Job zu verlieren, sondern wie es mir in der Zeit gehen wird: ob ich vereinsame oder verkomme. Ich bin immer wieder krank geworden und hab mich dabei gefragt, ob ich mir nicht zugestehen kann, dass ich es mir gut gehen lasse. Oder aber es ist durch das Kranksein erst alles an Arbeitsbelastung herausgekommen. Durch das Freijahr konnte ich aber auch mit dem Kranksein anders umgehen. So konnte ich in Ruhe krank sein und musste nicht nach zwei Tagen wieder arbeiten gehen, aus schlechtem Gewissen den Klienten und Kollegen gegenüber.

Genossen habe ich besonders den Winter, dass ich nicht raus musste, um in die Arbeit zu fahren. Außerdem war es schön, mehr Zeit für meine Tochter zu haben, auch wenn sie das manchmal auch genervt hat, weil sie es nicht gewohnt war, dass ich so viel zuhause bin. Das musste sich erst einspielen. So habe ich es bald beispielsweise so gehalten, dass ich zwar aufgestanden bin, um die Jause zu richten, dann aber nicht neben ihr gewartet habe, bis sie weg ist.

Mit dem Wiedereinstieg hatte ich Glück, weil ich schon zwei Monate vorher erfahren habe, wo ich nach meinem Freijahr hinkommen werde, manchmal erfährt man das erst kurz vorher. So konnte ich also zwei Wochen vor meinem Wiedereinstieg schon hingehen und mit meiner Vorgängerin reden. Vor dem ersten Arbeitstag habe ich gar nicht so schlecht geschlafen, habe mir aber zwei Wecker gestellt, um ja nicht zu verschlafen.
Ich habe mich zum Schreibtisch gesetzt und war sofort wieder drinnen, weil ich so viel Routine habe, dass ich im Grunde weiß, wie die Dinge funktionieren, auch wenn in jeder Regionalstelle die Dinge etwas anders laufen. Die Arbeit ist dieselbe, aber das Team ist ein anderes, sodass man den eigenen Platz erst finden muss. Ich bin außerdem in ein Team mit vielen jungen Leuten gekommen, wo ich erst beweisen musste, dass ich die Erfahrene bin, als die ich angekündigt wurde.

Dass ich im Sommer wieder zu arbeiten begonnen habe, finde ich gut. Da sind Schulferien, in der Arbeit ist daher etwas weniger zu tun. Und im finsteren Winter wieder in die Arbeit zu müssen, stelle ich mir auch nicht so leicht vor. Seit dem Wiedereinstieg vor zwei Wochen fahre ich mit dem Fahrrad in die Arbeit, das hätte ich mir früher nicht vorstellen können. Das ist auch ein Ergebnis der Auszeit, dass ich flexibler und spontaner geworden bin. Früher wollte ich nach der Arbeit oft überhaupt nichts mehr machen, heute habe ich auch nach der Arbeit noch Energien, um etwas zu unternehmen.

Erfahrungsbericht

Grenzen im Kopf

Rechtsanwalt Dr. Thomas Höhne hat sich in seiner Auszeit mit seinem Beruf versöhnt.

Ich war vor meiner Auszeit nicht mehr sehr motiviert. Mit Studium, Ausbildung und Berufsausübung habe ich 33 Jahre mehr oder weniger dasselbe gemacht. Das hat mich dann nicht mehr sehr gefreut, obwohl Anwalt an sich ein toller Beruf ist. Mit der aktuellen Stimmungslage wollte ich nicht noch 15 oder 20 Jahre im Beruf verbringen und dachte mir daher, dass ich lieber einmal unterbreche, dann geht es wieder besser weiter.
Im Juli 2004 habe ich meine siebenmonatige Auszeit nach ein paar Monaten Überlegung begonnen. Meine Partner haben sofort ja gesagt. Ich hatte vielleicht sogar eine Art Eisbrecherfunktion, weil sie zu überlegen begannen, ob sie das vielleicht auch einmal machen wollen. Meine Agenden wurden auf die drei anderen Partner und unsere sieben Juristen aufgeteilt. Ich selbst bin während der Auszeit nie im Büro gewesen. Diese strenge Trennung halte ich für wichtig, sonst ist die Auszeit nur wie ein längerer Urlaub.

Eigentlich wollte ich ein Jahr Auszeit nehmen, das wäre aber nicht möglich gewesen, das wäre ein zu tiefer Einschnitt für die Kanzlei gewesen. Ich habe während meiner Auszeit keine Klienten verloren, aber auch keine neuen akquiriert, was sich in Folge natürlich finanziell ausgewirkt hat. Bevor ich die Auszeit angetreten bin, habe ich mit vielen Klienten telefoniert und oft gehört, dass sie auch gerne eine Auszeit machen würden, bzw. haben sie sich oft schnell gerechtfertigt, dass sie keine machen.
Ich selbst bin in der Auszeit oft mit einem Rechtfertigungsdruck konfrontiert worden. Die Leute haben mich gefragt, was ich während der Auszeit machen werde, ob ich reisen oder studieren werde. Da hat es mich im Hals zu

würgen begonnen. Durch diese Fragen wurde mir klar, dass es darum geht, eben keine Pläne zu haben. Das ständige Verplanen war ja ein Teil, woraus das Unlustgefühl resultiert ist. Mit der Zeit bereitete es mir auch Vergnügen zu sagen, ich mache nichts. Womit gemeint war: nichts Herzeigbares. Im Freundeskreis war ich mit meiner Auszeit ein Kuriosum und das bin ich eigentlich immer noch.

Ich wusste dann, ich werde am ersten Tag meiner Auszeit aufwachen und schon wissen, was ich tun will. Ich dachte mir anfangs, dass ich viel wandern werde, weil ich das gern tue, dann wollte ich aber nicht einmal wandern. Ich habe dann eine Wellness-Kur gemacht, denn ich bin zu meinem Erstaunen draufgekommen, dass ich eine große Erschöpfung angesammelt hatte. Ein Monat lang habe ich mich nur erholt in einer bis dahin unbekannten Tiefe. Erst im Erholen habe ich gesehen, wie gut mir das tut. Die Lust auf körperliche Betätigung blieb vier Monate lang sehr hoch. Ich bin viel gelaufen und ins Fitnesscenter gegangen. Außerdem habe ich während meiner Auszeit meine administrativen Strukturen im Privatleben in Ordnung gebracht, etwa all meine Versicherungen durchgesehen und gemerkt, dass ich welche habe, die ich nicht brauche, andererseits welche nicht habe, die ich brauche. Und ich habe in meine Wohnung Ordnung gebracht und sie renoviert.

Die Zeit der Programmlosigkeit habe ich sehr genossen. Mir war dabei überhaupt nicht fad. Der Sommer in Österreich ist ja wunderbar. Damals hatte ich keine Partnerin, das war auch praktisch, weil ich mich so privat mit niemandem arrangieren musste. Irgendwann gegen Ende dachte ich mir, es ist jetzt Zeit, in Bewegung zu kommen. Laos, Kambodscha, das wollte ich immer schon gerne sehen. Ich habe also einen Flug gebucht, sonst aber die Reise nicht weiter geplant. Dort sind mir auch viele andere Auszeitnehmer begegnet, auch Paare, die gemeinsam Auszeit genommen haben.

Zehn Tage vor Ende meiner Auszeit bin ich das erste Mal – direkt vom Flughafen – wieder ins Büro gegangen. In den folgenden Tagen war ich immer wieder stundenweise im Büro, habe langsam wieder meine E-Mails angeschaut, meinen Schreibtisch eingerichtet, für die Außenwelt war ich aber noch nicht da. Ich bin zwar problemlos wiedereingestiegen, aber es hat ca. ein halbes Jahr gedauert, bis mich die Arbeit wieder richtig gefreut hat. Dass ich aber nicht mehr in den Beruf zurückkehre, war nie ein Thema.
Mit meiner Arbeit habe ich mich durch die Auszeit auch versöhnt. Man projiziert sehr viel auf die Arbeit und sagt sich, wenn ich diese Arbeit nicht hätte, wenn ich nicht so viel Arbeit hätte, dann würde ich … Das stimmt aber nicht. Das, was ich vorher beklagt habe, habe ich auch in der Auszeit nicht getan. Ich habe weder mehr gelesen noch bin ich viel mehr wandern gegangen. Ich habe keine Mega-Radtouren gemacht und auch nicht permanent Freunde getroffen. In der Auszeit hatte ich einfach nur etwas mehr Zeit für alles.
Einmal bin ich auf die neue Bibliothek am Gürtel hinaufgegangen und habe geschaut, wie die Welt von oben aussieht. Ich habe eine halbe Stunde runtergeschaut und das toll gefunden. Aber eigentlich kann ich das auch ohne Auszeit machen. Die Grenzen, die man sich im Kopf setzt, sind viel größer als jene von außen. Denn es sind mehr Dinge möglich, als man denkt.

Ich hätte jederzeit wieder Lust, eine Auszeit zu machen. Realistischerweise kann aber einer von vier Partnern nicht jederzeit abhauen. Wenn, dann würde ich beim zweiten Mal aber länger Auszeit nehmen. Sieben Monate sind nicht viel. Das stellt man sich länger vor. Denn die ersten drei Monate scheinbar zu verschwenden, als Kontrast zur Arbeitssituation, gehört dazu.

Wenn man irgendeine Möglichkeit zur Auszeit hat, dann sollte man sie nutzen. Dass es möglich ist, ist schon Grund genug, es zu tun. Wenn man die Möglichkeit hat, verschiedene Lebensformen zu leben und nicht nur bei einer zu bleiben, dann wäre es ein Versäumnis, das nicht zu tun.

Wie nach der Auszeit wieder einsteigen?

Gehe immer so, als ob du mit den Füßen die Erde küssen würdest.

Thich Nhat Hanh, vietnamesischer Mönch

Nachhaltiger Auszeiteffekt

Was man für sich entdeckt hat in der Auszeit – sei es das wohltuende Gefühl auszuschlafen oder sein Handy auch einmal abzuschalten oder Zeit für Gespräche mit Freunden und Familie zu haben –, sollte man möglichst auch während des Arbeitsalltags weiterhin umsetzen. Kehrt man sofort zu sämtlichen alten Gewohnheiten zurück, beraubt man sich eines großen Auszeitpotenzials: des nachhaltigen Effekts der Auszeit. Sicher, es ist schon klar, dass das nicht so leicht ist, wenn der Bericht dringend abgegeben werden muss, der Vorgesetzte drei Meetings an einem Tag ansetzt oder erfolgsabhängiges Honorar auf einen wartet. Noch dazu gehört es eindeutig zu den Herausforderungen einer Auszeit, sich nach einer Zeit oft völliger zeitlicher Autonomie wieder an den meist vorgegebenen Arbeitsrhythmus zu gewöhnen. Genauso schwierig kann es sein, sich wieder den alltäglichen Verpflichtungen zuhause zu stellen, wenn man länger weg war.

Versuchen Sie daher, vor Ihrem ersten Arbeitstag Ihre Auszeit noch einmal Revue passieren zu lassen, halten Sie fest, was Sie als besonders wohltuend empfunden haben, sei es im Umgang mit Freunden und Familie, sei es die Beschäftigung mit Hobbys und Sport oder sei es in einem anderen Umgang mit Leistung oder mit Gesundheit. Wenn Sie eine derartige Liste schwarz auf weiß vor sich liegen haben, sinkt die Wahrscheinlichkeit, dass Sie alles, was Ihnen in der Auszeit gutgetan hat und Sie sich für die Zeit danach vorgenommen haben, sofort wieder aus den Augen verlieren. Machen Sie eine derartige Liste und denken Sie dabei nicht nur an „große" Hobbys, sondern auch an scheinbare Kleinigkeiten, die Sie beseelt, beglückt und inspiriert haben. Hier ein paar Anregungen, zusammengestellt aus den Erfahrungsberichten von Auszeitnehmern.

Worauf ich auch nach der Auszeit nicht verzichten möchte

☺ Galerien zu besuchen

☺ in Ruhe Zeitung zu lesen

☺ ausschlafen zu können

☺ mich fit zu halten

☺ Zeit für Frühstück zu haben

☺ Tagebuch zu schreiben

☺ nicht mit dem Auto zu fahren

☺ mich mit Freundinnen zu treffen

☺ Krankheiten auszukurieren

☺ nicht mehr die gesamte Wäsche zu bügeln

☺ nichts vorzuhaben

☺ weniger Geld für unnötige Dinge auszugeben

☺ der eigenen Kreativität nachzugehen

☺ meinen Terminkalender nicht mit Verpflichtungen vollzustopfen

☺ meine Wohnung zu genießen

☺ mich viel in der Natur aufzuhalten

☺ mein Handy abzuschalten

☺ Ausflüge zu machen

☺ ...

☺ ...

☺ ...

Sanfter Übergang

Wer aus Thailand zurückfliegt und am nächsten Tag wieder im Büro sitzt, vergibt ebenfalls die Chance auf einen nachhaltigen Effekt einer Auszeit. Zu vieles an ungewohntem Alltag prasselt in so einem Fall auf einen nieder. Post, Garten, Freunde und vieles mehr brauchen wieder Ihre Aufmerksamkeit. Mindes-tens eine Woche, möglichst länger, sollte man unbedingt an Puffer zum ersten Arbeitstag einplanen.

Diese Zwischenzeit bietet sich an, um

- ☺ wieder Freunde und Familienmitglieder zu treffen, um nicht in der ersten Arbeitswoche mit einer Menge privater Termine konfrontiert zu sein, die zusammen mit den beruflichen den Kalender von Anfang an wieder zum Platzen bringen. Denn eines ist klar: das Interesse an Ihrer Auszeit-Reise wird groß sein.
- ☺ alles, was Sie abgemeldet haben – von Fernseher bis Auto – wieder anzumelden.
- ☺ Reisefotos zu entwickeln und das Reisetagebuch zu vervollständigen. In den ersten Arbeitswochen, wo man sich an den neuen Arbeitsrhythmus erst wieder gewöhnen muss, finden sich womöglich nicht die notwendige Zeit und Energie. Und ist das Projekt einmal auf der langen Bank, bleibt es womöglich dort.
- ☺ Haustiere nachhause zu holen und sich wieder aneinander zu gewöhnen.
- ☺ das Auto fahrbereit zu machen.
- ☺ mit Kollegen in Kontakt zu treten und erste Informationen über die Firma auszutauschen.
- ☺ zu überlegen, was man eventuell künftig in der Arbeit anders haben/machen möchte, und ein Gespräch darüber mit dem Vorgesetzten zu suchen.
- ☺ sich bei jenen zu bedanken, die mitgeholfen haben, dass Sie Ihre Auszeit realisieren konnten.

Neuer Umgang mit Zeit

So gut wie immer bewegen sich Auszeitnehmer wesentlich langsamer durchs Leben als im Arbeitsalltag, man hat ja in der Auszeit schier unendlich Zeit und kann darüber selbst bestimmen. Muss man sich deshalb wieder sofort auf ein rasantes Arbeitstempo einlassen, um genauso gut im Job zu sein wie vorher? Die Bewegung der „Slobbies" – slower but better working people – sagt eindeutig nein. Slobbies proklamieren Langsamkeit statt Tempowahn als Mittel, das zum Ziel führt. Mit Faulheit und Arbeitsunlust hat das gar nichts zu tun. Denn wahrscheinlich haben Sie auch schon selbst einmal das kreative Potenzial von Entschleunigung erlebt. Sie denken und denken, recherchieren und recherchieren, machen eine Checkliste nach der anderen, lesen Analysen und Berichte und kommen dennoch nicht auf eine Lösung für ein anstehendes Problem. Die kommt dann vielleicht ganz unerwartet bei einem Sonntagsspaziergang am Flussufer oder bei einem Kaffeeplausch mit Freunden oder wenn Sie sich am Schreibtisch zurücklehnen und gedankenverloren einen Vogel durch das Fenster beobachten. Denn wer zu viel tut, kann auch vor lauter Tun die Türen für Lösungen verbarrikadieren, die sich erst durch Entspannung, Langsamkeit und Gelassenheit wieder öffnen. Und seien wir ehrlich: Wer kann wirklich auf Dauer 60 Stunden und mehr pro Woche arbeiten und dabei nur effizient sein und keine Fehler machen?

Der gemeinnützige und außerparteiliche Verein zur Verzögerung der Zeit an der Fakultät für interdisziplinäre Forschung und Fortbildung (IFF) der Alpen-Adria Universität in Klagenfurt jedenfalls meint: „In allen Lebensbereichen nehmen wir uns meist nicht mehr genug Zeit, um ‚reife' Entscheidungen zu treffen, und müssen die destruktiven Nebenwirkungen dann ertragen und unsere Zeit häufig mit selbstverursachtem Krisenmanagement verbringen. Heutzutage gibt es in vielen Bereichen eine hektische Betriebsamkeit, die ins Ziellose geht."

Sicher bedeutet es einen Umlernprozess, selbst wieder die Regie über die Zeit zu übernehmen und dem eigenen Tempo und Rhythmus entsprechend zu arbeiten. Aber gerade während der Auszeit ist dieser Prozess ja schon in Gang gekommen. Jetzt ist also eine gute Gelegenheit, ihn auch in der Arbeit fortzusetzen.

Checkliste: Wie wollen Sie nach der Auszeit mit Ihrer Zeit umgehen?

☺ Wie viel Zeit wollen Sie für Familie und Freunde haben?

☺ Wann wollen Sie spätestens Feierabend machen?

☺ Wollen Sie immer per Handy erreichbar sein?

☺ Wie viele und wie lange Pausen wollen Sie täglich im Job machen?

☺ Wie lange und wie oft wollen Sie in Zukunft Urlaub machen?

☺ Wollen Sie verlängerte freie Wochenenden einplanen?

☺ Was ist die maximale Stundenzahl pro Woche, die Sie arbeiten möchten?

☺ Wie viel unverplante Zeit wollen Sie sich pro Woche gönnen?

Zwischen Beruf und Berufung

„Ich finde, Arbeit ist ganz wunderbar. Man ist noch im Bett und freut sich schon darauf. Wenn man es nicht hätte, wäre man doch ein armer Teufel. Mir tun Leute Leid, die acht Sunden am Tag machen müssen, was sie gar nicht interessiert, nur damit sie das Geld verdienen. Das ist sehr arm", sagt Alice Herz-Sommer, Pianistin und Holocaust-Überlebende, im Alter von 102 Jahren im Buch „Vielleicht bin ich ja ein Wunder, Gespräche mit 100-Jährigen" von Christine Haiden und Petra Rainer.

Was die alte Dame leidenschaftlich vertritt, ist für die meisten Österreicher allerdings nicht gelebte Realität. Laut einer Umfrage des Marktforschungsinstituts market erleben die Österreicher Glücksgefühle in erster Linie im Zusammensein mit Familie und Freunden, bei Hobbys und im Urlaub. In punkto Arbeit kommen 2006 ebenso wie schon fünf Jahre zuvor nur bei einem Drittel Glücksgefühle auf. Das mag auch daran liegen, dass in der Arbeitswelt lange Zeit die Höhe des Einkommens als ausschlaggebend bewertet wurde und Jobs daher in erster Linie nach diesem Kriterium angenommen und beibehalten wurden. Langsam aber ist ein Wertewandel zu beobachten. Statt Einkommen und Prestige zählen immer häufiger Authentizität, Selbstverwirklichung und Sinnhaftigkeit einer Arbeit. Und auch die Glücksforschung gibt dem Recht. „Je mehr wir haben, desto mehr haben wir zu wenig" ist die Essenz des Buches „Wie man wirklich glücklicher wird" des deutschen Glückswissenschafters Bernd Hornung. Sobald die Grundbedürfnisse befriedigt sind, spielt „die absolute Höhe unseres Einkommens eine erstaunlich geringe Rolle in unserem Glückshaushalt. Selbst bei Lottomillionären pegelt sich ihr Glücksniveau spätestens nach einem halben Jahr wieder auf das Normalniveau ein", so der Autor. Die simple, aber dennoch treffende Erkenntnis, dass mit steigendem Einkommen auch die Bedürfnisse zunehmen, macht Geldreichtum zu einem Nullsummenspiel. Zunehmend wächst daher der Raum für Gruppen wie jene der „Kulturell Kreativen", die auf andere Formen von Reichtum setzen. Den Untersuchungen des amerikanischen Soziologen Paul H. Ray und der Psychologin Sherry Ruth Anderson zufolge, bei der über 13 Jahre 100.000 US-Amerikaner befragt wurden, machen die Kulturell Kreativen 24 Prozent der amerikanischen Gesellschaft aus. Das legt den Schluss nahe, dass hier weltweit eine neue Bevölkerungsschicht im Entstehen ist, die auf eine engagierte Anteilnahme an der Welt, Offenheit der Kulturen, Wertschätzung von Beziehungen, Spiritualität, Selbstverwirklichung und ökologische Lebensweise setzt. Mit dem im Deutschen leicht irreführenden Begriff „Kulturell Kreative" sind nicht in der Kultur Tätige gemeint, sondern alle, die mit den neuen Werten einen kreativen Zugang zu Arbeit und Leben in ihrer jeweiligen Welt suchen und damit eine neue Kultur kreieren.

Noch begreifen sich die Einzelnen wenig als eigene Kultur, benennen sich auch oft nicht selbst als Kulturell Kreative und glauben sich in ihren Sehnsüchten und Haltungen alleine, doch mehr und mehr Gruppierungen von dekla- riert Kulturell Kreativen sind im Entstehen, etwa die Internetplattform www.sanga.cc.

Aus dieser beschriebenen neuen Haltung heraus nimmt auch die Zahl jener zu, die den Mut haben, ihrer inneren Stimme zu folgen, und auch mal einen gut bezahlten Job oder eine Selbstständigkeit mit viel Prestige aufgeben, um „Ihres" zu leben. Begeisterung und Überzeugung statt sicher klingelnder Kassen und überbordendem Stress. Eine Auszeit ist für diesen Schritt eine ganz und gar gut geeignete Möglichkeit. Denn frei von Zeitdruck, Fremdbestimmtheit und Eingespanntsein in Routine können sich neue, bis dato unbekannte Sehnsüchte nach oben spülen.

Erfahrungsbericht

Von der literarischen Agentin zur Tiefenökologin

Diana Voigt ist mit 42 Jahren für neun Monate ausgestiegen, um ihren Wünschen und Sehnsüchten Raum zu geben.

„Warum tue ich mir das an? Warum und für was belaste ich mich so?" Das fragte ich mich nach acht Jahren Selbstständigkeit in der Verlagsbranche immer häufiger. Selbstständigsein kann ein sehr engagiertes Projekt sein. Bei selbstständigen Menschen fließt aber der größte Teil der Lebensenergie in die Arbeit. Und da beginnt die Schattenseite der früheren Freiheit als Selbstständige. Fast alles außerhalb der Arbeit bleibt ungetan: ins Theater gehen oder den Wind im Wald hören. Die immaterielle Welt mit Werten wie Achtsamkeit, Respekt und Wohlgefühl kommt zu kurz und das Leben gerät aus der Balance. In der Lebensmitte in dieser unausbalancierten Welt angekommen, meldete sich immer häufiger eine innere Stimme mit Wünschen und Sehnsüchten zu Wort. Sie nahmen die Gestalt von Trekkingreisen, Sprachenlernen, Ausbildung, Ausleben von Talenten an. Um zu sehen, wie sich die phantasierten Leben und Welten in der Realität anfühlen, entschloss ich mich zu einer Sabbatzeit. Nach dem Motto „Don't dream about it, do it" bereitete ich in der Agentur meine neunmonatige Abwesenheit vor und reiste nach Neuseeland und Australien. Von Entspannung war allerdings keine Spur. Meine kostbare Sabbatzeit bekam eine Durchstrukturiertheit und ein Tempo, die mich atemlos machten. Ganz offensichtlich hatte ich ein tief eingegrabenes Verhaltensmus-ter einfach 16.000 km durch die Welt hierher trans- feriert. Erst der Entschluss, das Reisen vorzeitig zu beenden und den Rest der Sabbatzeit unverplant und mit Phasen der Stille zu verbringen, brachte die ersehnte Freude, Tiefe und Muße. Wie geplant kehrte ich nach neun Monaten wieder in meine Agentur zurück, arbeitete im alten Job und bin dann nach einem Jahr aus der Agentur rausgegangen. Das war nicht geplant und hätte ich mir nie gedacht.

Vieles ist im Freijahr unterschwellig in Fluss gekommen, was mir in dieser Radikalität nicht bewusst war. Ich habe mich gefragt, wozu ich da bin, ob ich die Arbeit tue, die ich tun sollte, eine Arbeit, die auch Sinn macht. Während man mit Geldverdienen beschäftigt ist, stellt man sich diese Frage nicht. Durch den Freiraum im Sabbatjahr ist dieses Denken möglich geworden. Es ist ein Raum für Wünsche, Sehnsüchte und Visionen entstanden.
Durch die Globalisierung in der Buchbranche wurde der Markt immer schwieriger. Eine Umstrukturierung meiner Agentur wäre notwendig gewesen. Das hätte sich aber eng angefühlt, wäre eine reine Kopfentscheidung gewesen. Nach acht anstrengenden Jahren hätte das noch mehr Anstrengung bedeutet. Und ich hätte etwas festgehalten, obwohl es dabei schon viele blockierte Aspekte gab. Wofür also weitertun? Dann kam ein körperliches Signal in Form einer Zyste. Ich wusste dann, wenn ich so weiterlebe, werde ich sterben, weil ich in etwas lebe, was nicht mehr lebendig ist. Ich habe mich dann also entschlossen, die Agentur zu verkaufen. Sechs Wochen nach dieser Entscheidung hat sich die Zyste von selbst aufgelöst.
Der Verkauf der Agentur war ein Sprung ins kalte Wasser. Ich habe nur gewusst, wo es mich hingezogen hat: Ich wollte mit Natur arbeiten und habe mich gefragt: Wo ist mein Funke, meine Lebendigkeit?

Im privaten Bereich habe ich – auch durch meine vielen Reisen – wahrgenommen, wie mit der Natur, wie mit Ressourcen umgegangen wird. Wir fühlen das nicht mehr, haben uns abgespalten, sehen den Menschen als Krone der Schöpfung, der sich bedienen darf, die Natur ausnutzt und sie nicht als beseelt wahrnimmt.

Das Fass zum Überlaufen gebracht hat dann die Situation, die ich in meiner Heimat Südkärnten erlebt hab: wie die Bergwelt zum Selbstbedienungsladen wurde und manche Tiere nicht mehr überleben können. Da wusste ich: Ich will vernetzt und nachhaltig arbeiten mit Menschen, Tieren, mit dem Wald.

Ich habe dann Projekte im Umweltbereich mit NGOs gemacht, im Laufe der Zeit wurde mir aber klar, dass der innere Grund für die Umweltzerstörung zu kurz kommt. Warum zerstören wir die Basis für unser Leben? Was hat das mit unserer Seele zu tun? Wie sind wir dahin gekommen? Mit der Zeit wusste ich, dass ich mir das Problem von der Seele her anschauen will, dass ich Voraussetzungen schaffen will für das Lebendigsein im Netz des Lebens, dass man andere Lebewesen und sich selbst respektiert. Ich begann eine Ausbildung zur Tiefenökologin und Ökopsychologin, wodurch ich Bewusstsein auf spiritueller, politischer und therapeutischer Ebene schaffen kann.

Mein heutiges Lebensgefühl hat mit dem Lebensgefühl von damals nichts mehr zu tun. Aber die Erfahrungen von früher fließen manchmal ein, Dinge ergeben sich, mit denen ich nicht gerechnet habe. Früher war Eitelkeit ein starker Antrieb. Heute versuche ich durch meine Arbeit, den Riss zwischen innerer und äußerer Natur, den wir alle in uns tragen, ein Stück zu heilen, damit diese Welt nicht ein kontrollierter Platz für wenige wird, sondern ein schöner und vielfältiger Platz für alle bleibt. Ich mag meine neue Arbeit sehr und bin erfreut über jeden weiteren Schritt.

In neuen Job einsteigen

Der überwiegende Teil der Auszeitnehmer bleibt nach der Auszeit beim bisherigen Arbeitgeber. Jene aber, denen in der Auszeit klar geworden ist, dass der alte Job nicht mehr das ist, was sie bis zur Pension machen möchten, stehen nach der Rückkehr vor der Frage, wie sie ihre Auszeit zum Karrieremotor machen und Bewerbungen am besten gestalten können. Spätestens wenn der Gedanke an den ersten Arbeitstag nur Grauen in Ihnen hervorruft, sollten Sie einen Jobwechsel in Betracht ziehen. Bedenken sollte man auch, dass es nicht selten vorkommt, dass man zuerst wieder in den alten Job einsteigen muss, um endgültig zu wissen, dass er einem nicht mehr entspricht.

Erfahrungsbericht

Irgendwann muss man tun, wovon man träumt

Mag. Christian Geissler war Abteilungsleiter in einem großen Versicherungsunternehmen, als er mit 33 Jahren für ein halbes Jahr Auszeit nahm. Danach folgte er seinem Herzen und machte sich selbstständig.

Ich bin mit 30 Jahren aufgrund eines interessanten Projekts in die Versicherungswirtschaft quasi hineingerutscht. Es folgte die Beförderung zum Abteilungsleiter mit 25 Mitarbeitern. Die Abteilung aufzubauen, war eine interessante, aufregende Zeit mit einer Wochenarbeitszeit um die 60 Stunden. Das hat mich an sich nicht gestört, weil es eine spannende Aufgabe war, hat aber dazu geführt, dass ich keine Zeit mehr hatte, auf mich zu schauen und zu reflektieren. Man ist in so einer arbeitsreichen Zeit über weite Strecken eher ein Getriebener und hat selten eine Möglichkeit, über den Tellerrand zu schauen.
Nach drei Jahren habe ich mich dann gefragt: Ist das das Richtige für mein Leben, passt der Job oder nicht? Ich hatte das Gefühl, ich bin mit meinem Herzen nicht mehr so bei der Sache, wie ich mir das für meine „Lebensaufgabe" so vorstelle. Da das Unternehmen gerade ein Sabbaticalmodell eingeführt hatte und ich davor schon wegen eines zweijährigen Stipendiums in Harvard mit dem Vorstand im Gespräch war, war mein Arbeitgeber nicht sehr überrascht über meinen Wunsch nach einer Auszeit. Das Unternehmen legte mir nichts in den Weg, machte mir aber auch klar, dass ich meine Position als Abteilungsleiter abgeben sollte und man mir nicht genau sagen kann, in welcher Position ich nach der Auszeit wieder beginnen kann. Ich machte mir deswegen aber keine Sorgen, weil das Unternehmen groß und meine Verankerung im Unternehmen gut war und damit auch die Chance, nach der Auszeit wieder eine attraktive Führungsaufgabe zu bekommen.

Da ich Geld gespart hatte, war der geringere Verdienst während des halben Ansparjahres und während der halbjährlichen Auszeit kein Problem. Ich brauchte auch in der Auszeit nicht so viel Geld, weil ich keine luxuriösen Dinge vorhatte.

Ich bin zuerst zwei Monate mit meiner Freundin Nathalie nach Asien gefahren. Mit dem Rucksack haben wir Vietnam, Thailand und Kambodscha erkundet. Endlich wieder einmal ohne fixen Zeitplan zu reisen, war ein tolles Erlebnis für mich. Das ist ja das Schöne an einem Sabbatical, dass man Dinge auf einen zukommen lassen und schauen kann, was sich als Nächstes ergibt. Nach drei bis vier Wochen habe ich an mir eine Veränderung bemerkt: eine Art mentale Verjüngungskur. Ich habe wieder einen leichteren, spielerischen Zugang zu meinem Leben entwickelt und hatte das Gefühl, unendlich Zeit zu haben und völlig im Hier und Jetzt sein zu können. Es war auch nett, einmal keine Verantwortung für andere zu haben und zu erleben, dass nichts, was man tut, Konsequenzen hat außer für einen selbst.
Die gemeinsame zweimonatige Reise, die gepaart war mit einer grundsätzlichen Aufbruchstimmung und dem Gefühl, die ganze Welt steht uns offen, war für meine Freundin und mich ein sehr verbindendes Erlebnis, von dem wir heute noch zehren. Endlich hatten wir auch einmal Zeit, uns nur auf uns zu konzentrieren, miteinander zu reden und uns umeinander zu kümmern. Auf der Reise konnten wir das leben, von dem wir wussten, dass es da ist, sonst aber oft zu kurz gekommen ist.

Zurück aus Asien, habe ich begonnen, mich um meine Dissertation zu kümmern, was mir nach acht Jahren Abwesenheit vom Universitätsbetrieb aufgrund allerlei organisatorischer Hindernisse (ich habe als Wirtschaftler begonnen, auf der Psychologischen Fakultät zu dissertieren) gar nicht so leicht gefallen ist. Als Student ist es mir seinerzeit nicht wirklich aufgefallen, aber eine wie auch immer geartete „Kundenorientierung" ist auf den Universitäten nach wie vor nicht existent. Parallel dazu bin ich meinem latent immer vorhandenen Wunsch, mich selbstständig zu machen, nachgegangen. Die Frage war nie, ob ich es mache, sondern nur wann. Jetzt schien mir ein geeigneter Zeitpunkt zu sein, weil ich und meine Partnerin für keine Kinder verantwortlich sind und eine abbezahlte Eigentumswohnung auch den Fixkos-tenblock niedrig hält. Die Entscheidung zwischen „unsicherer" Selbstständigkeit als Unternehmensberater und Business Developer und sicherem Job bei einer Versicherung ist nicht ganz leicht gewesen. Letztendlich habe ich aber viel Urvertrauen in die Wiege gelegt bekommen und habe mir keine Sorgen gemacht, dass es mit der Selbstständigkeit nicht klappt. Gleichzeitig wusste ich, dass ich mich ewig in den Hintern beißen würde, wenn ich es nicht einmal probieren würde. Denn wie etwas dann wirklich ist, kann man nur herausfinden, indem man es tut. Heute weiß ich, der Schritt war absolut richtig, auch wenn eine Reihe von unvorhergesehenen Schwierigkeiten wie nicht eingehaltene Verträge oder unbezahlte Honorare auf mich als Unternehmer zugekommen sind. Aus Gründen der „kaufmännischen Vorsicht" habe ich mir am Anfang meiner Selbstständigkeit weniger Luxus gegönnt und dabei gesehen, dass man – wenn man wirklich mit dem, was man tut, zufrieden ist – bedeutend weniger äußeren Luxus benötigt und es viel befriedigender ist, sein Geld in das eigene Unternehmen zu reinvestieren.

Insgesamt betrachtet, habe ich in meiner Auszeit mich selbst und meine Kreativität wieder gefunden und gesehen, was mich als Mensch alles ausmacht. Dass ich schöpferisch tätig sein, nicht nur passgenau Aufgaben erledigen kann, dass ich mich als Mensch weiterentwikkeln und Spaß am Leben haben kann. Das lasse ich nicht mehr los.

Längst ist eine Auszeit im Lebenslauf kein Makel mehr. Arbeitsmarktexperten wie Business Coaching Partners raten, den Bewerbungsunterlagen eine Seite beizufügen, auf der die Motive für die Auszeit beschrieben werden, welche Erfahrungen man gemacht hat und wie man diese in den Arbeitsalltag einbringen wird. Es muss vor allem der Nutzen des zukünftigen Arbeitgebers erkennbar sein. Besonders gerne gesehen werden laut Arbeitsmarktexperten Bildungs-Sabbaticals, wo Mitarbeiter zum Beispiel Sprachkenntnisse perfektionieren. Auch interkulturelle Erfahrungen können für manche Jobs von Bedeutung sein. Wenn es einen völligen Bruch gibt zwischen den Tätigkeiten vor und nach der Auszeit, war das Sabbatical offensichtlich auch eine Zeit der Entscheidungsfindung. Man muss darauf vorbereitet sein, im Bewerbungsgespräch nach den Hintergründen seiner Auszeit genau befragt zu werden. „Ich war völlig ausgebrannt und konnte einfach nicht mehr" ist laut Business Coaching Partners eine ganz schlechte Erklärung fürs Sabbatical, weil dadurch leicht die Leistungsfähigkeit des Bewerbers in Frage gestellt werden kann.

Wichtig ist auch, dass das Sabbatical nicht als Flucht diente, sondern wohlüberlegt und langfristig vorbereitet, in Absprache mit dem Arbeitgeber angetreten wurde. Im Idealfall weiß man zu Beginn seiner Auszeit schon, wo man im Anschluss daran wieder arbeiten wird. Wenn dem nicht so ist, sollte unbedingt ein gutes halbes Jahr „mitbudgetiert" werden, so lange kann es durchaus dauern, bis man den beruflichen Einstieg wieder geschafft hat.

Der Weg von der Auszeit zurück in die Arbeit kann sehr kreative und überraschende Wege gehen. So gewährte der Bischof dem Pfarrer von Hartberg, August Janisch, der auch als erstes Briefbombenopfer bekannt wurde, ein Sabbatical von einem Jahr, nachdem er an Krebs erkrankt war. Er verbrachte es in der Gemeinschaft des Stiftes Rein und wollte nach einem Jahr wieder eine kleine Pfarre übernehmen. Doch er fand an seinem Auszeitort genau das Richtige, nichts fehlte ihm dort, und so blieb er auf Dauer.

Ähnliches erlebte auch Wolfgang Slanec. Nach einer 13-monatigen Auszeit auf See war sein Job als Bautechniker für ihn nicht mehr angesagt, er kaufte also ein Segelboot und machte sich gemeinsam mit seiner Partnerin Doris Renoldner auf zu einer achtjährigen Weltumseglung ohne Komfort, Versicherung und festen Zeitplan. Ihre Auszeiterfahrung ist seitdem ihre neue Einkommensquelle, indem die professionellen Seenomaden Multimediashows über ihre Zeit auf See veranstalten.

Erfahrungsbericht

Wieder einfädeln nach der Auszeit

Mag. Anna Pissarek, Theologin, mit schamanischen Zugängen vertraut, ist heute Trainingsverantwortliche in einer Kaffeehauskette. Mit 39 Jahren kündigte sie ihren Job und reiste ein halbes Jahr durch die USA.

Ich war pädagogische Mitarbeiterin im Bildungshaus St. Arbogast in Vorarlberg. Spiritualität, Frauen, Kreatives – das waren meine Themen. Das Haus liegt am Rand eines Naturschutzgebietes und war in vielerlei Hinsicht wie ein Biotop – sehr offen, wie ein Stück Paradies. Viele haben daher nicht verstanden, warum ich nach sieben Jahren gehe. Aber ich hatte mich spirituell in eine Richtung entwickelt, die mir das Gefühl gab, an einem spirituellen Plafond angelangt zu sein und die Möglichkeiten im Haus und den Rahmen der katholischen Welt gesprengt zu haben.

Ich habe mich immer für das Mystische, Religionsübergreifende interessiert und bin dann 1999 mit schamanischer Arbeit in Berührung gekommen. Das hat den Weggeh-Prozess beschleunigt, nachdem der Entschluss klar da war.

Ein erster Schub zur Umsetzung der Auszeit war schon 1998 nach einer Reise zu den Nationalparks in Kanada und USA entstanden, wo ich mich in die ungebrochene Kraft des Landes verliebt habe. Zurück in der kleinen Vorarlberger Welt habe ich geahnt, dass noch ein anderes Leben möglich sein muss. Ich hatte auch eine wunderschöne Wohnung in Vorarlberg, die mir nach der Zeit im Zelt, wo ich die Weite und Kraft des Landes gespürt habe, dann viel zu fest und beengend vorgekommen ist.

Im Juni 2000 habe ich mich schließlich von meinem Arbeitgeber getrennt. Ich habe – freiwillig von Seiten des Arbeitgebers und als Anerkennung meiner Arbeit – eine gewisse Abfertigung bekommen und mich freiwillig sozialversichert. Meine Wohnung habe ich aufgelöst, meine Sachen verkauft, verschenkt und den Rest in einer Scheune untergestellt. Ein vorübergehender Ausstieg mit Rückkehrmöglichkeit wäre für mich nicht richtig gewesen, denn was zu Ende ist, ist zu Ende. Für mich war der Ausstieg nicht mutig, sondern einfach normal und folgerichtig.

Den Ausstieg begonnen habe ich mit einer begleiteten Vision Quest. Vier Tage und Nächte war ich allein mit Matte, Schlafsack und Wasser in der Wildnis der Inyo Mountains in Kalifornien/USA.
Dabei hatte ich enorme Angst, viel Verschüttetes kam heraus, das vorher durch Tun verborgen war. Damit begann ein intensiver Entwicklungsprozess. Insgesamt verbrachte ich ein halbes Jahr im Südwesten der USA, ich besuchte zwei schamanische Kurse, bin alleine mit Zelt herumgefahren, habe Freunde und Freundinnen besucht und viele neue Menschen kennen gelernt.

Rückblickend weiß ich, dass meine eigene Reise überfrachtet war mit Erwartungen, insgeheim hatte ich gehofft, dass der Mann und der Job des Lebens vom Himmel fallen. Es wäre besser gewesen, diese Zeit offen und mit Neugierde zu betrachten. Ich habe in der Zeit auch viel Einsamkeit gespürt, ein intensiver E-Mail-Kontakt mit meiner Schwester war da ein tröstlicher Anker.
Frühzeitig zurückzufahren wäre für mich aber nicht in Frage gekommen. Ich habe bis zuletzt gehofft, den Sinn meines Lebens jetzt ja vielleicht noch zu finden. Ich habe zwar weder einen Job noch eine Beziehung gefunden, von der Reise mitgenommen aber habe ich, nach vorne zu blicken und in neuen Bahnen zu denken, einen anderen Blick auf die Welt zu haben.

Nach Österreich zurückzukommen, war dann ein Schock. Nicht das Loslassen war nämlich schwierig für mich, sondern das Wiedereinfädeln. Ich wusste damals immer noch nicht, wer ich bin, was ich will und was ich kann. Das war das Schlimmste. Es hat lange gedauert, bis ich wieder ganz angekommen bin.

Ich habe mir nach meiner Rückkehr eingebildet, ich muss in die Wirtschaft gehen, wollte weg vom Klischee der „bösen" Wirtschaft kommen, hab mir vorgestellt, ich will eine komplementäre Welt zur spirituellen Welt. Denn die Theologie hat für mich nicht mehr gestimmt. Das war ein Mantel, der nicht mehr passte, sodass ich auch aus der Kirche ausgetreten bin. Karriere zu machen war noch ein Thema. Den Anspruch, etwas Besonderes machen zu müssen, hatte ich vielleicht durch meine Mutter Herlinde Pissarek-Hudelist, die weltweit erste Dekanin einer theologischen Fakultät. Es folgten viele Überlegungen, was ich beruflich machen könnte und will. Es hatte aber alles nicht Hand und Fuß, war mehr eine Kopfgeburt. Ich machte eine Ausbildung zum Systemischen Business Coach, setzte es aber nicht um in einen Beruf. Ich war schon sehr verzweifelt, weil ich einiges probiert und nichts funktioniert hatte. Nie machte es klick. Das war erst der Fall, als ich in einem Zeitungsartikel im Standard las, dass eine Starbucks-Filiale in Wien eröffnete.
Da bin ich dann in der Nacht aufgestanden und habe eine Bewerbung geschrieben und plötzlich ist die Kreativität wieder geflossen. Ich wusste, ich brauche etwas Simples, etwas „down to earth". Als Theologin ist man ja immer in Versuchung, sich an Gottes Stelle zu setzen und die Welt zu retten. Hier ging es um Kaffee, nicht um die Rettung der Welt, es war einfach ein Job. Das war, was ich suchte. Ich wusste, ich bin hoffnungslos überqualifiziert, und habe alles getan, um den Job dennoch zu bekommen, ich spürte einfach, dass dieser Weg stimmt. Auch für mein spirituelles Leben war es wichtig, aus dem theologischen Denken rauszukommen. Ich habe den Job als Barista be-

kommen und bin parallel meinen schamanischen Weg weitergegangen. Dieser ganz normale Alltagsberuf erdet einen. Sonst wird man anmaßend oder man kippt. Ich hatte große Sehnsucht nach etwas Klarem, Überschaubarem, Begrenzterem nach der entgrenzten Zeit in meiner früheren Arbeit, bei meinem Aufenthalt in den USA und meinen früheren Sinn-Ansprüchen.
Heute bin ich für den Trainingsbereich bei Starbucks und anderes mehr verantwortlich und habe das Gefühl, gelandet zu sein. Eine Therapie hat – unvermutet – innerlich die Dinge zum Abschluss gebracht und viel von dem integriert, was aufgebrochen war. Der Bogen hat sich geschlossen. Heute wäre ich sanfter im Übergang, damals war es wohl so notwendig. Nun bin ich bereit für das „neue" Leben, das immer schon da war.

Mini-Auszeit im Alltag

Eine Auszeit ist bestens geeignet, wieder den Energietank zu füllen. Das ist keine Frage. Die Frage, die aber bleibt, um die meist mühevoll errungene Auszeit auch optimal und nachhaltig zu verwerten, ist: Wie schafft man es auch ohne Auszeit, energetisch nicht am Limit durchs Leben und vor allem durch die Arbeit zu gehen? Was kann man tun, um in Zukunft nicht so sehr an die Energiegrenzen zu gelangen und den Tank in kleinen Dosen regelmäßig zu füllen? Der große Urlaub, die kleinen Wochenenden und die Minipausen sind dabei gleichermaßen von Bedeutung.

Diese Fragen könnten helfen, einen nachhaltigen Energietankplan zu erstellen:

- ☺ Urlaub: Bei welchen Urlauben erholen Sie sich am besten? Brauchen Sie eher einen langen Urlaub oder mehrere kurze? Erstellen Sie einen Urlaubsjahresplan, wann und wie Sie künftig Ihre Urlaube verbringen möchten.
- ☺ Wochenende: Möchten und müssen Sie wirklich Arbeit mit nach Hause nehmen? Planen Sie Wochenenden ohne Arbeit ein. Halten Sie von Firmenmails über Fachliteratur alles fern, was an Ihre Arbeit erinnert, und legen Sie fest, wie künftig Ihre Wochenenden aussehen sollen.
- ☺ Feierabend: Wann soll täglich Schluss sein mit der Arbeit? Tragen Sie das gewünschte Arbeitsende in Ihren Kalender ein. Dass es vielleicht nicht immer realisierbar ist, können Sie hinterher immer noch feststellen. Aber die Tatsache, dass Sie es sich vornehmen, erhöht die Wahrscheinlichkeit, dass es klappt.
- ☺ Freizeitaktivitäten: Wodurch erholen Sie sich in der Freizeit am besten? Bei einem gemütlichen Kaffeeklatsch mit Freunden? Bei einer einsamen Wanderung in den Bergen? Beim Auspowern im Fitnessstudio? Beim Aquarellmalen? Oder ...? Planen Sie fernsehlose Zeiten ein, dann bahnen sich andere Entspannungsmöglichkeiten leichter ihren Weg.

Kontraste zu setzen zu dem, womit Sie üblicherweise beschäftigt sind, ist in den großen und kleinen Pausen eine gute Idee, um für Erholung, Kraft und neue Ideen zu sorgen. Christoph Koller, Geschäftsführer von Steinway in Austria, hat für sich diesen Weg gefunden: „Für mich schafft der Weinbau in meiner Freizeit den notwendigen Ausgleich und Kontrast zur Arbeit. Wenn ich mit den Arbeitsschuhen auf dem Lössboden stehe und direkten Kontakt zu Grund, Boden und Pflanzen habe, ist das etwas ganz anderes, als wenn ich ein Unternehmen wie Steinway in Austria manage. Wenn ich den Weinbau auch als erfolgreiches Unternehmen betrachten müsste, wäre damit der Reiz des Anderen weg. Wenn man nur die Arbeit wichtig nimmt, gerät man irgendwann in eine Einbahn und hat keine Ideen mehr, auch nicht im Job."

Wer im Job sehr viel (An)Spannung erlebt, für den ist Entspannung das Kontrastprogramm. Dabei ist es gleichgültig, ob Sie sich für progressive Muskelentspannung nach Jacobson, Autogenes Training, Yoga, Meditation, Integratives Atmen, Qigong oder Taiji entscheiden – die Liste an Möglichkeiten ist lang –, sie führen alle auf unterschiedlichem Weg dazu, ein Zuviel an Spannung abzubauen. Beachten Sie dabei aber, dass Sie Methoden wählen, wo Sie selbst etwas für Ihre Entspannung tun können. Wenn Sie erst einen Termin bei einem Masseur, einer Osteopathin oder Shiatsu-Therapeutin ausmachen müssen, bleiben Sie in einer gewissen Abhängigkeit und sind zeitlich nicht flexibel. Derartige Sitzungen können Sie sich ja gelegentlich als Draufgabe gönnen.

Urlaube und Pausen sinnvoll einplanen

Walter Weihs, Vorstand der Software AG, wurde in der österreichischen Tageszeitung Die Presse gefragt, wovon er privat träumt. „Da möchte ich einmal drei Wochen Urlaub am Stück in Kuba mit Segeln verbringen. Aber so ein langer Urlaub ist fast unmöglich", so seine Antwort. Mit dieser Aussage dürfte der Geschäftsmann in guter Gesellschaft sein. Denn laut Statistik Austria werden lange Urlaube immer seltener. Während 1969 der Haupturlaub der Österreicher noch für 23 Prozent zwischen zwei und drei Wochen lang war, gönnten sich diese Urlaubslänge 2005 nicht einmal mehr sechs Prozent der Österreicher. Der klare Trend zu kürzeren Urlauben zeigt sich auch in der durchschnittlichen Urlaubsdauer. Die betrug 2005 nur noch 5,8 Tage. Und auch bei Kuren waren lange Zeit vier Wochen selbstverständlich, jetzt sind drei Wochen schon an der Schmerzgrenze. Aufgrund der angespannten Arbeitsmarktsituation und der schlanken Betriebsorganisationen sind lange urlaubs- oder kurbedingte Abwesenheiten offenbar nicht mehr so ungeniert zu realisieren. Schmälert das den Erholungseffekt? Wie viele Tage braucht es, um sich wirklich zu erholen?

Experten-Interview

Experten-Interview

Dr. Gerhard Blasche, Gesundheitspsychologe am Institut für Physiologie der Medizinischen Universität Wien und niedergelassener Psychotherapeut in Wien, über den maximalen Erholungseffekt im Urlaub

Wann ist Urlaub am erholsamsten?

Wenn man den Urlaub zuhause arbeitend verbringt, bringt das keine Erholung. Verbringt man die Zeit zu Hause hingegen ohne besondere Belastungen, ist das schon mit einem gewissen Erholungswert verbunden. Je mehr Tage an einem Urlaubsort verbracht werden, desto größer ist ebenfalls der Erholungswert eines Urlaubs. Allerdings ist meist nach einer Woche der wesentliche Erholungseffekt erreicht. Noch eine oder zwei Wochen mehr an Urlaub bringen keinen großen Zuwachs an Erholung. Eine amerikanische Studie besagt außerdem, dass nicht die Länge des Urlaubs, sondern die Häufigkeit den Erholungseffekt bestimmt bzw. sich sogar auf die Langlebigkeit auswirkt.

Ist es wichtig, im Urlaub wegzufahren, um sich zu erholen?

Die Tatsache wegzufahren alleine macht nur einen kleinen Teil des Erholungswertes eines Urlaubs aus. Es ist hingegen essenziell, den Urlaub so zu gestalten, dass genug Zeit für eigene Bedürfnisse bleibt. Wer das Gefühl hat, genug Zeit für sich zu haben und darüber selbstbestimmt verfügen zu können, erlebt einen noch größeren Erholungseffekt.

Was erhöht sonst noch den Erholungseffekt?

Bewegung ist auf jeden Fall gut. Dadurch wird Stress abgebaut, es macht einen zufrieden, weil man etwas getan hat, und Blutdruck und Gewicht können gesenkt werden.

Experten-Interview

Es geht aber auch nicht darum, jeden Tag viel zu wandern. Aktivität und Nichtstun sollten sich abwechseln.

Wie lässt sich Erholung überhaupt definieren?

Personen, die sich erholt fühlen, haben deutlich weniger körperliche Beschwerden, schlafen besser und sind mit dem Leben zufriedener, negative Stimmungen nehmen ab, positive zu.

Für viele scheinen längere Urlaube schwer realisierbar. Können schon Kurzurlaube von ein paar Tagen Erholung bringen?

Der Anfang des Urlaubs ist durch eine erhöhte Stressbelastung gekennzeichnet, die durch die Anreise und die Umstellung auf eine neue physische, soziale und ernährungsmäßige Umgebung gekennzeichnet ist. Diese Urlaubseinstiegsreaktion dauert etwa drei Tage, je nachdem, wie schnell man sich anpassen kann und wie viel Anpassungsarbeit notwendig ist. Manchmal erfordert auch die plötzliche viele Zeit mit der Familie viel Anpassungsarbeit. Während im Alltag vielleicht jeder eher seinen Bedürfnissen nachgeht, kommen im Urlaub die Bedürfnisse von mehreren zum Tragen, und die sind vielleicht widersprüchlich. Es geht aber im Urlaub nicht nur um Erholung, sondern auch um das Erleben von etwas Gemeinsamem. Fremdere Umgebungen – der Wechsel in eine andere Klimazone etwa – erfordern ebenfalls eine große Anpassungsleistung.

Eine Woche Ägypten im Winter ist also nicht so ratsam?

Ich bin skeptisch bei derartigen Urlauben. Die Infektionshäufigkeit nimmt eher zu. Man muss sich eine Woche lang ständig neu adaptieren, weil der Wärmehaushalt des Körpers auf Winter eingestellt ist. Weniger Anpassungsleistung ist sicher notwendig, wenn man von Wien etwa in die Berge fährt.

Was kann man tun, damit der Urlaubseffekt möglichst lange anhält?

Wissen sollte man, dass das körperliche Wohlbefinden länger anhält als die positive Stimmung. Besonders lange bleibt eine positive Stimmung nach einem Bewegungsurlaub erhalten, und den nachhaltigsten Effekt auf das Befinden zeigen Kuren. Schnell wieder weg ist der Urlaubseffekt, wenn nach dem Urlaub die Arbeitsbelastung sofort wieder sehr hoch ist, weil der Kontrast zur Urlaubssituation dann zu hoch ist und man ja auch stressentwöhnt ist. Ein langsamer Wiedereinstieg von zwei, drei Tagen ist notwendig, damit man sich wieder umstellen und anpassen kann. Das übersieht man leicht, aber manche Dinge brauchen ihre Zeit.

Bringen Wochenenden einen Erholungseffekt? Ist es wichtig, arbeitsfreie Wochenenden einzuplanen?

Aus Studien über Kuren hat man gesehen, dass der Blutdruckabfall in den ersten drei Tagen am deutlichsten ist. Ähnlich ist es am Wochenende. Am Freitag Abend wird er noch nicht ganz unten sein, es kann bis Samstag oder sogar Sonntag dauern. Erholungsprozesse brauchen ihre Zeit, nicht ewig, aber doch.

Und Pausen während der Arbeit selbst? Wie sollten die aussehen?

Mehrere kurze Pausen von ein paar Minuten spätestens alle 90 Minuten statt einer langen Pause sind sinnvoll. Bei längeren Abständen zwischen den Pausen bliebe sonst etwa die Muskelspannung einige Stunden lang erhöht. Wichtig ist in den Pausen, etwas anderes zu tun als davor. Wenn man vor dem Bildschirm sitzt, etwa aufzustehen oder sich zu strecken oder die Augen zu schließen. Wenn man schweigend vor sich hinarbeitet, mit Kollegen im Kaffeezimmer plaudern. Oder sich in den Ruheraum setzen oder legen, wenn man sehr aktiv war.

Experten-Interview

Dazu müsste man sich überhaupt einmal bewusst werden, was und wie man arbeitet …

Achtsamkeit ist ein sehr zentrales Thema: darauf schauen, wie es einem geht und was einem jetzt guttut. Man ist leicht so abgelenkt durch die Arbeit, dass man nicht auf seine Bedürfnisse achtet, nicht einmal wahrnimmt, dass man schlecht sitzt oder schon längst aufs Klo müsste.

Energieschonend arbeiten

In seinem Buch „Such dir deinen Himmel" erzählt Pater Dr. Johannes Pausch eine schöne Geschichte über das herkömmliche Image von Pausen in der Arbeit. Eine Gruppe ehemaliger Dachdecker erklärte sich zu Dachdeckerarbeiten bereit, als das Gut Aich am Wolfgangsee zum Kloster umgebaut wurde. Sie waren erstaunt, dass hier im Kloster etwas weitergeht, auch wenn die Mönche ständig ihre Zeit mit Gebeten „vertrödeln", also ihrer Meinung nach viel zu viele Pausen machen. Da riet ihnen ein Mönch, es mal selbst mit Pausen zu probieren, wenn die Kirchenglocke läutet. Danach stellten die Handwerker erstaunt fest, dass die Arbeit auf diese Weise noch flotter voranging und sie mit noch größerer Freude dabei waren. Die Moral von der Geschicht': Pausen bringen nicht nur mehr Freude an der Arbeit, sie verbessern sogar das Ergebnis. Wer noch ein Beispiel braucht: Auch die Musik braucht Pausen. Erst durch sie wirkt sie wirklich.

Vielleicht fällt es Ihnen – als vielleicht Leistungsorientiertem – mit dieser Erkenntnis leichter, auf regelmäßige Pausen und Erholung zu achten. Denn da man täglich belastet wird, muss man auch täglich für Entlastung sorgen. Die Erholung auf den Urlaub zu verschieben ist daher kein effektiver Weg. Sie muss auch am Feierabend, an den Wochenenden und in der Arbeit selbst stattfinden. Wenn nicht die ganze Erholungs-Hoffnung auf den Urlaub gesetzt wird, steigen auch die Erwartungen an den „großen" Urlaub nicht ins Unermessliche, und Staus auf der Autobahn, schlechtes Wetter am Urlaubsort oder Streit mit dem Partner können gelassener genommen werden.

Wie können Sie nun die Arbeit selbst energieschonender gestalten? Nicht nur regelmäßige Pausen können dazu beitragen, dass Sie sich am Abend nicht erschöpft fühlen, auch die Art, wie Sie Arbeitsabläufe gestalten, oder was Sie am Arbeitsplatz essen, kann maßgeblich zu mehr Wohlbefinden am Arbeitsplatz beitragen.

Ihre individuelle gesunde Arbeitsorganisation

- ☺ Nehmen Sie sich realistisch bewältigbare Aufgaben pro Tag vor.
- ☺ Berücksichtigen Sie für Ihre Zeiteinteilung die jeweilige Tageszeit und Ihren Biorhythmus.
- ☺ Bringen Sie Abwechslung in die Arbeit.

- ☺ Planen Sie Pausen mindestens alle 90 Minuten ein.
- ☺ Versuchen Sie es einmal mit Power-Napping. Der gesunde Büroschlaf zu Mittag sollte allerdings nur 20 Minuten lang sein, damit man nicht in die Tiefschlafphase kommt.
- ☺ Schalten Sie Störquellen aus.

Gesunde Ernährung am Arbeitsplatz

- ☺ Leitungswasser und mit Wasser verdünnte Fruchtsäfte statt Kaffee
- ☺ Obst, Nüsse, Joghurt, Vollkornweckerl mit Käse statt Topfengolatsche und Leberkässemmel zwischendurch
- ☺ Mittags reichlich Salat, Gemüse, Kartoffeln, Nudeln statt Wiener Schnitzel und Schweinsbraten
- ☺ Lieber etwas Gesundes von zu Hause mitbringen als die Kantine nutzen, wenn sie keine leichte Kost anbietet

Gesunder Arbeitsplatz

- ☺ Immer wieder die Körperhaltung am Schreibtisch verändern, um einseitige Belastungen zu vermeiden
- ☺ Nicht nur am Vorderteil des Stuhls sitzen, sondern Sitzfläche ganz ausnützen
- ☺ Auf richtige Sitzhöhe achten: Beine sollten, wenn sie ganz auf dem Boden stehen, ca. 90 Grad abgewinkelt sein.
- ☺ Der Abstand der Augen zum Monitor sollte ca. 50 bis 80 Zentimeter betragen, die Blickrichtung sollte parallel zum Fenster sein.
- ☺ Nicht aufwärts zum Bildschirm schauen
- ☺ Regelmäßig kurz lüften, besonders wenn im Zimmer geraucht wird
- ☺ Auf ausreichende Luftfeuchtigkeit achten
- ☺ Lächeln ☺

Übernehmen Sie aber trotz aller positiver Eigenverantwortung nicht die gesamte Verantwortung für Ihre Arbeit. Auch Ihr Arbeitgeber sollte dazu beitragen, dass Sie Ihrer Arbeit kräfteschonend nachgehen können. Nicht zuletzt wird ein fortschrittlich denkender Unternehmer auch an der Gesundheit seiner Mitarbeiter interessiert sein, denn je weniger Krankenstandstage, umso weniger finanzielle Belastung und umso mehr Produktivität für das Unternehmen.

Gesundheitsförderung am Arbeitsplatz ist spätestens seit 2000 kein Fremdwort mehr in österreichischen Betrieben. Nachdem 1996 das Europäische Netzwerk Betriebliche Gesundheitsförderung gegründet wurde, folgte im Jahr 2000 das Österreichische Netzwerk Betriebliche Gesundheitsförderung zur Etablierung der betrieblichen Gesundheitsförderung als Managementansatz, der die Erhebung der gesundheitlichen Situation der Mitarbeiter, die Bildung von Gesundheitszirkeln mit Mitarbeitern als Experten und schließlich die Durchführung gesundheitsfördernder Maßnahmen beinhaltet. Wobei die Maßnahmen von Verbesserung der Kommunikation über Installation einer gesunden Betriebsküche bis zu Bewegungsangeboten und Verbesserung von Arbeitsabläufen reichen können.

Wie Arbeitgeber psychisch entlastende Arbeitssituationen schaffen können

☺ Auf regelmäßige Pausen der Mitarbeiter achten

☺ Dafür sorgen, dass Mitarbeiter ausreichend Urlaubszeiten in Anspruch nehmen

☺ Überstunden begrenzen

☺ Für gutes Arbeitsklima sorgen

☺ Arbeitsabläufe verbessern, indem Zeitspielräume einkalkuliert werden und die Arbeitsintensität verringert wird

☺ Klare Arbeitsanweisungen geben, Tätigkeitsbeschreibungen und Kompetenzdefinitionen festlegen

☺ Ständige Arbeitsunterbrechungen und Störquellen ausschalten

☺ Für eine gesundheitsgerechte Gestaltung des Arbeitsplatzes sorgen, indem auf Lärm, Beleuchtungsqualität und Raumklima geachtet wird

☺ Voraussetzungen für eine Qualitätssteigerung der Arbeit schaffen, indem Handlungsspielräume erweitert, Entscheidungsmöglichkeiten geschaffen und interessante, abwechslungsreiche Arbeit ermöglicht wird

(Quelle: pro mente Austria)

Auszeit – ein Märchen?

Es war einmal ein Hase namens Kasimir, der hoppelte von Feld zu Feld, um die Vorratslager der Dorfbewohner zu füllen. Das war sein Job und den hatte er, weil er ihn nun mal hatte. Warum, das wusste er nach so vielen Jahren selbst nicht mehr so genau. Er zog Knollen aus der Erde, sammelte Körner und zupfte Blätter. Und er schlug sich mit seinen Kunden herum, die jeden Tag noch größere Karotten und noch saftigere Blätter für ihre Lager wollten. Das tat er am Montag und am Dienstag, am Mittwoch ebenso wie am Donnerstag, am Freitag und manchmal auch am Samstag. Nur am Sonntag, da lag er unter dem Nussbaum und träumte von dem fernen Land, von dem sein Großvater einmal erzählt hatte: von Blättern in Löwenform, orange schillernden Knollen und goldenen Knospen. Und von Hasen, die all die Köstlichkeiten jederzeit und überall genossen, aber von denen kein einziger ein Vorratslager hatte. „Einmal", seufzte er, „nur einmal möchte ich das mit eigenen Augen sehen. Und einmal mich nicht um die ohnehin schon überquellenden Vorratslager kümmern müssen."

Er musste eingeschlafen sein und laut geträumt haben, denn als er aufwachte, traute er seinen Ohren nicht. „Der ist ja wohl nicht ganz dicht", flüsterten die einen hinter vorgehaltener Pfote. „Der glaubt, er ist was Besseres", sagten die anderen, ohne sich ein Blatt vor das Maul zu nehmen, während die dritte Gruppe in lautstarkes Gewieher ausbrach und kopfschüttelnd am Nussbaum vorbeihoppelte. „Wie kann man nur etwas wollen, was noch nie einer von uns gewollt hat? Noch dazu jetzt, wo doch die Subvention für neue Vorratslager gerade erhöht wurde und Vorratslagerfüller das Geschäft ihres Lebens machen konnten!"

Doch er konnte nichts daran ändern. Beim Gedanken an dieses ferne Land hüpfte jedes Mal sein Herz höher. Obwohl er sich weder vorstellen konnte, wie er das Geld für die Fahrt aufbringen konnte, noch wovon er dort leben sollte. Der Traum kam jede Woche wieder. Und das Herzklopfen auch. Und so saß er jeden Sonntag unter dem Walnussbaum und zermarterte sich den Kopf nach einer Lösung.

„Warum kümmerst du dich nicht um das Vorratslager eines Schiffes? So kommst du ins Land deiner Träume, ohne dass du Geld für die Fahrt brauchst." Kasimir war verwirrt, erstens über diese einfache Lösung, an die er bis jetzt nicht gedacht hatte, und zweitens, dass es jemanden gab, der ihm offenbar helfen wollte. Es war Valentina, die nicht länger mit ansehen konnte, dass er dachte, er wäre der Einzige, der von diesem Land träumt. Denn das tat sie still und heimlich auch seit geraumer Zeit.

Schnell war der Entschluss gefasst. Kasimir und Valentina heuerten auf einem Schiff an und segelten gemeinsam ins Land ihrer Träume, in dem alles genauso aufregend war, wie sie sich das vorgestellt hatten. Auch wenn sie eine Zeitlang brauchten, um nicht überall, wo sie waren, Vorräte anzulegen, wie sie es von zuhause gewohnt waren.

Als sie nach einem Jahr wieder in ihrem Dorf ankamen, pflanzten sie in ihrem Garten all die neuen Köstlichkeiten, die sie mitgebracht hatten, und schon nach wenigen Tagen schillerte und wucherte es gewaltig. Zögerlich kam ein Hase nach dem anderen aus seinem Bau, bis einer anfing, anerkennend zu nicken, und ein zweiter begeistert durch die Zähne pfiff. Alle waren sie angetan von den exotischen Mitbringseln der Heimkehrer und freuten sich, dass Kasimir und Valentina großzügig Ableger austeilten. Vergessen war das Kopfschütteln, Schimpfen und Zweifeln.

Kasimir aber kehrte nie wieder auf die Felder zurück. Er hatte auch aufgehört, seine Tage in Wochentage und Sonntage einzuteilen. Seitdem er gemeinsam mit Valentina einen Garten bepflanzte, der immer genug für sie beide abwarf, war für ihn jeder Tag ein Sonntag.

Danke,

dass Sie beim Lesen dieses Buches so viele „Sie sollten" und „Tun Sie dies und tun Sie jenes" ertragen haben. So ist das nun mal mit Ratgeberbüchern. Aber ich möchte die Gelegenheit nicht versäumen, hier mein letztes „Sie sollten" anzubringen:

☺ Was auch immer Sie hier an Tipps und Ratschlägen bekommen haben, sie können immer nur Anregungen sein. Folgen Sie bitte bei allen Entscheidungen Ihrem Herzen! Letztendlich leitet es Sie am besten, sofern es ausreichend wachgeküsst ist.

Danke auch an alle Interviewpartner, die so offen Einblick in ihre Erfahrungen während der Auszeit gewährt haben. Ohne diese Berichte wäre das Buch nur zur Hälfte das geworden, was es werden sollte: eine Möglichkeit zu sehen, welch positive Quelle für Veränderungen in einer Auszeit steckt.

Literaturhinweise

Breloer, Heinrich: Mallorca, ein Jahr. Kiepenheuer & Witsch, 1995
Cameron, Julia: Der Weg des Künstlers im Beruf. Knaur, 2001
Canfield, Jack; Miller, Jacqueline: Geben wir der Arbeit Herz und Seele zurück. Ueberreuter, 1997
Eichhorn, Christoph: Gut erholen – besser leben. Klett-Cotta, 2006
Gamper, Karl: So schön kann Wirtschaft sein. Der Aufbruch der Kulturell-Kreativen. Kamphausen, 2005
Grün, Anselm: Im Zeitmaß der Mönche. Vom Umgang mit einem wertvollen Gut. Herder, 2006
Haiden, Christine; Rainer, Petra: Vielleicht bin ich ja ein Wunder. Gespräche mit 100-Jährigen. Residenz Verlag, 2006
Hesse, Hermann: Die Kunst des Müßiggangs. Suhrkamp, 1977
Hülsmann, Andreas: Auszeit. 25000 Kilometer durch Südamerika. Highlights-Verlag, 2000
Jackson, Andrew: Das Buch des Lebens. Eine Reise zu den Ältesten der Welt. Frederking und Thaler, 2000
Janwillem, Van der Wetering: Der leere Spiegel. Erfahrungen in einem japanischen Zen-Kloster. Kiepenheuer & Witsch, 1977
Kerkeling, Hape: Ich bin dann mal weg. Meine Reise auf dem Jakobsweg. Malik 2006
Khema, Ayya: Was du suchst, ist in deinem Herzen. Herder, 2001
Kreutzkamp, Dieter: Weltreise. 4300 Tage unterwegs auf fünf Kontinenten. Frederking & Thaler, 2003
Koch-Weser, Silvia; von Lüpke, Geseko: Vision Quest. Knaur, 2005
Lenert, Michael: Stress in der Arbeitswelt, Hrsg.: Kammer für Arbeiter und Angestellte Wien, 2005
Lützner, Hellmut: Wie neugeboren durch Fasten. Gräfe und Unzer, 2005
Nussbaumer, Heinz: Der Mönch in mir. Styria, 2006
Oschwald, Hanspeter: Der Klosterurlaubsführer. Herder, 2004
Osho: Mut. Ullstein, 2004
Öttl, Christine; Härter, Gitte: Zweite Chance Traumjob. Redline Wirtschaft, 2006
Pausch, Johannes; Böhm, Gert: Such dir deinen Himmel. Kösel-Verlag, 2003
Ray, Paul; Anderson, Sherry Ruth: The Cultural Creatives: How 50 Million People Are Changing the World. Harmony Books, 2000
Schwermer, Heidemarie: Das Sterntalerexperiment. Mein Leben ohne Geld. Riemann Verlag, 2001
Schwochow, Rainer: Wenn Arbeit zur Sucht wird. Fischer, 1999
Sotill, Wolfgang: Einfach Pilgern. Styria Pichler Verlag, 2004
Thun, Gaby von: Auf der Suche nach Gott. Rowohlt Verlag, 2004
Uhde-Stahl, Brigitte: In Santiago sehen wir uns wieder. Der Jakobsweg als innere Erfahrung. Patmos, 2004
Voigt, Diana: Sabbatical – Ausstieg auf Zeit. Kösel-Verlag, 2005
Wukovits, Josef: Ci bak, Ci bak. Für Ärzte ohne Grenzen im Südsudan. Vier-Viertel-Verlag, 2003
Sozialleistungen im Überblick. Sozialstaat Österreich, Lexikon der Ansprüche und Leistungen, Hrsg. Kammer für Arbeiter und Angestellte, ÖGB, 2005

Hilfreiche Adressen und Links

www.mut-zur-auszeit.at

Website der Autorin

Finanztipps

Wohnung vermieten

Mitwohnzentrale/Odyssee-Reisen GmbH
Laudongasse 18, 1080 Wien
Tel.: +43 (0)1 4026061
Fax: +43 (0)1 4026061-11
E-Mail:
mitwohnzentrale@odyssee.vienna.at
www.mwz.at

Fernseher abmelden

GIS Gebühren Info Service GmbH
Operngasse 20 B, 1040 Wien
Service-Hotline: 0810 001080
E-Mail: gis.office@orf-gis.at

Tauschkreise

Auf www.tauschkreise.at finden sich Tauschkreise in jedem österreichischen Bundesland.

Literarische Stipendien

www.literaturhaus.at
www.bundeskanzleramt.at
www.uschtrin.de

Günstige Flüge

www.flug.at
www.preisvergleich.de/fluege
www.flugbuchung.com
www.e-flights.de
www.ebay.at
www.onetwosold.at
www.ltu.de
www.ltur-auktion.de

Bildungsförderung

www.berufsinfo.at/bildungsfoerderung

Rechtlich-organisatorische Anlaufstellen für Ihre Auszeit

Kammer für Arbeiter und Angestellte

www.arbeiterkammer.at

Arbeiterkammer Burgenland

Wienerstraße 7, 7000 Eisenstadt
Tel.: 02682 740-0

Arbeiterkammer Kärnten

Bahnhofplatz 3, 9021 Klagenfurt
Tel.: 050 477

Arbeiterkammer Niederösterreich

Windmühlgasse 28, 1060 Wien
Tel.: 01 58883-0

Arbeiterkammer Oberösterreich

Volksgartenstraße 40, 4020 Linz
Tel.: 050 6906-0

Arbeiterkammer Salzburg

Markus-Sittikus-Straße 10, 5020 Salzburg
Tel.: 0662 8687-0

Arbeiterkammer Steiermark

Hans-Resel-Gasse 8–14, 8020 Graz
Tel.: 05 7799-3000

Arbeiterkammer Tirol

Maximilianstraße 7, 6010 Innsbruck
Tel.: 0800 22 55 22

Arbeiterkammer Vorarlberg

Widnau 2–4, 6800 Feldkirch
Tel.: 05522 306-0

Arbeiterkammer Wien

Prinz-Eugen-Straße 20–22, 1040 Wien
Tel.: 01 50165-0

Bildungskarenz und Freistellung gegen Entfall der Bezüge

Sämtliche AMS-Geschäftsstellen finden Sie im Internet unter
www.ams.or.at

Sozialversicherung

Hauptverband der österreichischen Sozialversicherungsträger
Kundmanngasse 21, 1030 Wien
Tel.: 01 71132
E-Mail:
posteingang.allgemein@hvb.sozvers.at
www.hauptverband.at

Onlineportal der Sozialversicherungsträger
www.sozialversicherung.at

Wiener Gebietskrankenkasse
Wienerbergstraße 15–19, 1100 Wien
Tel.: 01 60122
E-Mail: office@wgkk.sozvers.at
www.wgkk.at

Niederösterreichische Gebietskrankenkasse
Dr.-Karl-Renner-Promenade 14–16, 3100 St. Pölten
Tel.: 05 0899-6100
E-Mail: Hauptstelle@noegkk.at
www.noegkk.at

Burgenländische Gebietskrankenkasse
Esterhazyplatz 3, 7000 Eisenstadt
Tel.: 02682 608
E-Mail: bgkk@bgkk.at
www.bgkk.at

Oberösterreichische Gebietskrankenkasse
Gruberstraße 77, 4020 Linz
Tel.: 0732 7807-0
E-Mail: ooegkk@ooegkk.at
www.oegkk.at

Steiermärkische Gebietskrankenkasse
Josef-Pongratz-Platz 1, 8010 Graz
Tel.: 0316 8035
E-Mail: service@stgkk.at
www.stgkk.at

Kärntner Gebietskrankenkasse
Kempfstraße 8, 9021 Klagenfurt
Tel.: 050 5855 1000
E-Mail: kaerntner.gkk@kgkk.sozvers.at
www.kgkk.at

Salzburger Gebietskrankenkasse
Faberstraße 19–23, 5024 Salzburg
Tel.: 0662 8889-0
E-Mail: sgkk@sgkk.sozvers.at
www.sgkk.at

Tiroler Gebietskrankenkasse
Klara-Pölt-Weg 2, 6021 Innsbruck
Tel.: 059160-0
E-Mail: tgkk@tgkk.sozvers.at
www.tgkk.at

Vorarlberger Gebietskrankenkasse
Jahngasse 4, 6850 Dornbirn
Tel.: 05572 302
E-Mail: vgkk@vgkk.sozvers.at
www.vgkk.at

Pensionsversicherungsanstalt
Friedrich-Hillegeist-Straße 1, 1021 Wien
Tel.: 050303
E-Mail: pva@pva.sozvers.at
www.pensionsversicherung.at

Sozialversicherungsanstalt der gewerblichen Wirtschaft
Wiedner Hauptstraße 84–86, 1051 Wien
Tel.: 01 54654
www.sva.or.at

Sabbatical für Lehrer
Die Regelung läuft vorläufig mit August 2007 aus. Auskünfte über eine eventuelle Verlängerung erteilen für Bundeslehrer die Landesschulräte, für Landes- lehrer die jeweiligen Landesregierungen.

Landesschulrat für Burgenland
Kernausteig 3, 7001 Eisenstadt
Tel.: 02682 710
Fax: 02682 710-79
E-Mail: 100000@lsr-bgld.gv.at
www.lsr-bgld.gv.at

Landesschulrat für Kärnten
10.-Oktober-Straße 24, 9010 Klagenfurt
Tel.: 0463 5812
Fax: 0463 5812-105
E-Mail: post@lsr-ktn.gv.at
www.lsr-ktn.gv.at

Landesschulrat für Niederösterreich
Rennbahnstraße 29, 3109 St. Pölten
Tel.: 02742 280
Fax: 02742 280-1111
E-Mail: office@lsr-noe.gv.at
www.lsr-noe.gv.at

Landesschulrat für Oberösterreich
Sonnensteinstraße 29, 4040 Linz
Tel.: 0732 7071
Fax: 0732 7071-9210
E-Mail: lsr@lsr-ooe.gv.at
www.lsr-ooe.gv.at

Landesschulrat für Salzburg
Mozartplatz 8–10, 5010 Salzburg
Tel.: 0662 8083
Fax: 0662 8083-2199
E-Mail: lsr-sbg@lsr.salzburg.at
http://land.salzburg.at/landes

Landesschulrat für Steiermark
Körblergasse 23, 8011 Graz
Tel.: 0316 345-0
Fax: 0316 345-72
E-Mail: lsr@lsr-stmk.gv.at
www.lsr-stmk.gv.at

Landesschulrat für Tirol
Innrain 1, 6020 Innsbruck
Tel.: 0512 52033
Fax: 0512 52033-342
E-Mail: office@lsr-t.gv.at
www.lsr-t.gv.at

Landesschulrat für Vorarlberg
Bahnhofstraße 12, 6901 Bregenz
Tel.: 05574 4960
Fax: 05574 4960-8
E-Mail: office.lsr@lsr-vbg.gv.at
www.lsr-vbg.gv.at

Stadtschulrat für Wien
Wipplingerstraße 28, 1010 Wien
Tel.: 01 52525
Fax: 01 52525-7033
E-Mail: office@ssr-wien.gv.at
www.ssr-wien.gv.at

Studienabschluss-Stipendium
Stipendienstelle Wien für Studierende in Wien, Niederösterreich und dem Burgenland
Gudrunstraße 179a/Ecke Karmarschgasse, 1100 Wien
Tel.: 01 60173-0
E-Mail: stip.wien@stbh.gv.at

Stipendienstelle Graz
Metahofgasse 30, 2. Stock, 8020 Graz
Tel.: 0316 813388-0
E-Mail: stip.graz@stbh.gv.at

Stipendienstelle Innsbruck
Andreas-Hofer-Straße 46, 2. Stock, 6020 Innsbruck
Tel.: 0512 573370
E-Mail: stip.ibk@stbh.gv.at

Stipendienstelle Klagenfurt
Bahnhofstraße 9, 9020 Klagenfurt
Tel.: 0463 514697
E-Mail: stip.klf@stbh.gv.at

Stipendienstelle Linz
Europaplatz 5a, 4020 Linz
Tel.: 0732 664031
E-Mail: stip.linz@stbh.gv.at

Stipendienstelle Salzburg
Paris-Lodronstraße 2, 3. Stock, 5020 Salzburg
Tel.: 0662 842439
E-Mail: stip.sbg@stbh.gv.at

Arbeiten und leben im Ausland

Wohnung tauschen
www.fewo-tausch.de
www.homeexchange.com
www.holiday-service.de
www.4homex.com

European Employment Service (EURES)
www.europa.eu.int/eures: Datenbank mit freien Stellen in Europa und praktische Hilfestellung für den Umzug

Weltweites Arbeiten auf Biobauernhöfen
www.wwoof.welcome.at.tf (willing workers on organic farms)

Günstig leben als Haushüter

www.housecarers.com: Vermittlung von Haushüteradressen weltweit

Ehrenamtliche Arbeit

Im Ausland

www.globalvolunteers.org
www.volunteering.org.au
www.entwicklungsdienst.de

In Österreich

Ehrenamtsbörse Wien
Bürgerspitalgasse 4–6, 1060 Wien, im Nachbarschaftszentrum 6 des Wiener Hilfswerks
Tel.: 01 5973650
E-Mail: info@ehrenamtsboerse.at
www.ehrenamtsboerse.at

Freiwilligen Zentrum Graz
Keplerstraße 53/1, 8020 Graz
Tel.: 0316 831806
E-Mail: freiwillige@stmk.volkshilfe.at

Hilfe und Hobby Salzburg
Glockengasse 4c, EG, 5020 Salzburg
Tel.: 0662 849291-14
E-Mail: ingrid.ebner@akzente.net
www.hilfeundhobby.at

Freiwilligen Zentrum Tirol
Heiliggeiststraße 16, 6020 Innsbruck
Tel.: 0512 727035
E-Mail: freiwilligenzentrum@dioezese-innsbruck.at
www.freiwillige-tirol.at

Stress, Burnout, Arbeitssucht

Forum Burnoutnet
Initiiert von Dr. Günther Possnigg, Facharzt für Neurologie und Psychiatrie
Schalkgasse 2 ,1180 Wien
Tel.: 01 4708870
E-Mail: possnigg@possnigg.at
www.burnoutnet.at

Institut für frauenspezifische Psychotherapie, Supervision, Coaching und Weiterbildung
Reindorfgasse 29, 1150 Wien
Tel. u. Fax: 01 8958440
E-Mail: office@frauensache.at
www.frauensache.at

Selbsthilfegruppe Burnout
pro mente Wien, Gesellschaft für psychische und soziale Gesundheit
Grüngasse 1A, 1040 Wien
Tel.: 01 5131530-333
E-Mail:
gerhard.oberenzer@promente-wien.at

pro mente Austria
Johann-Konrad-Vogelstraße 13, 4020 Linz
Tel.: 0732 785397
www.promenteaustria.at

Berufsverband Österreichischer Psychologinnen und Psychologen
Helpline: 01 4079192
www.boep.or.at

Institut für Burnout und Stressmanagement
Gerstnerstraße 3, 1150 Wien
Tel.: 01 4065716
E-Mail: info@ibos.co.at
www.ibos.co.at

Stresscenter Wien
Döblinger Hauptstraße 44, 1190 Wien
Tel.: 01 3694040
E-Mail: office@stresscenter.at
www.stresscenter.at

Anonyme Arbeitssüchtige
Österreichweites Kontakt-Telefon: 0664 8745330

Pilgerwege und Klöster

Pilger-Websites

www.mein-weg.at
www.jakobus-info.de
www.ultreia.ch
www.jakobspilger.at
www.mundicamino.com

www.radolf.at
www.pilgerwege.at
www.pilgern.info

Aufenthalt im Kloster
Die Broschüre „Urlaub im Kloster" ist im Canisiuswerk erhältlich:
Tel.: 01 5125107
www.canisius.at

Gesundheit und Entspannung

Plattform für alternative Gesundheit
www.lebe-bewusst.at

Gesunder Mittagsschlaf
www.siesta-consulting.at

Kursangebot des Österreichischen Zusammenschlusses von Qigong- und Taiji-Quan-Lehrern und -Lehrerinnen
www.iqtoe.at

Kursangebot des Verbandes Wiener Volksbildung
www.vhs.at

Österreichisches Netzwerk Betriebliche Gesundheitsförderung
Referat Gesundheitsförderung und Vorsorgemedizin
Gruberstraße 77, 4020 Linz
Tel.: 0732 7807-2851
E-Mail: kontakt@netzwerk-bgf.com
http://netzwerk-bgf.com/

Neue Werte in der Arbeitswelt

Kulturell Kreative
Website von Raul Ray und Sherry Ruth Anderson, der beiden Autoren der Studie, die mit ihrer 13-jährigen Forschung die Gruppe der Kulturell Kreativen entdeckt und den Begriff geprägt haben.
www.culturalcreatives.org

Lern-Gang Sinnerfüllte Arbeitswelten
Ein Weg für Menschen, die ihr Arbeitsleben mit Freude, Leichtigkeit, Kreativität und Achtsamkeit leben wollen. Veranstaltet von der Fördergemeinschaft zur Gründung einer Friedensuniversität.
www.friedensuniversitaet.net

Verein Neue Arbeit – Neue Kultur rund um Prof. Frithjof Bergmann, der seit zwei Jahrzehnten eine Neue Arbeit – basierend auf innovativen Formen der Gemeinschaftsproduktion und Arbeit, die wir wirklich, wirklich wollen – in Theorie und Praxis entwickelt.
www.neuearbeit-neuekultur.de

Verein zur Verzögerung der Zeit:
Angesiedelt an der Fakultät für Interdisziplinäre Forschung und Fortbildung der Universität Klagenfurt mit dem Ziel, Individuen und Gruppen wieder in eine Zeit-Balance zu bringen.
www.zeitverein.com

Stichwortverzeichnis

Abfertigung 72
abmelden
–, Fernsehgerät 111
–, Telefon 111
Angst 19
– vor Veränderungen 20
Ansparzeit 24, 73
Arbeit, sinnerfüllte 12, 160
Arbeitgeber 25, 26, 91, 196, 197
Arbeitnehmer, ältere 12, 105
arbeitslos 11
Arbeitsorganisation 195
Arbeitsplatz, gesunder 196
Arbeitsplatz, Gesundheitsförderung am – 197
Arbeitssucht 42
Auszeit, nach der – 170
Auszeiteffekt, nachhaltiger 170
Auszeitmodelle, internationale 93
Auszeitmotive 16
Auszeitnehmer, prominente 14
Auto 111

Berufslebenslauf 12
Berufung 175
Bewerbungsunterlagen 184
Bildungskarenz 82, 88, 90, 91, 92, 157
Burnout 30, 32, 35, 36, 37, 38, 40, 151, 154, 155, 160
– bei Frauen 153
–, Stufen des 32

Einkommen 12, 175
Einwände 24
Entschleunigung 173
Erfahrungsbericht 28, 39, 47, 54, 60, 115, 121, 124, 129, 132, 139, 143, 147, 156, 163, 166, 177, 181, 185
Erholung 192, 195
Ernährung 196
Erschöpfung 31
Erschöpfungssyndrom, chronisches 9
Erste Bank 84
Experten-Interview 20, 35, 76, 80, 84, 152, 160, 191
Familie 51
Fasten 17, 18
Finanzen 43
Fixkosten 44
Fleißfalle 152
Flugreisen 119
Forschungsfreisemester 101
Frauen 152
Freistellung gegen Entfall der Bezüge 92
fremde Länder 118

Handy 113
Haushüter 120

Jakobsweg 126, 127, 129, 132

Kinder 52, 53
Kloster 137, 138
Krankenversicherung 98
Kulturell Kreative 175, 176
Kündigung 20, 70
Kündigungsschutz 92
Künstlersozialversicherung 101

Lebenslauf 13, 14, 25, 26, 184
Lebensqualität 11, 18
Lebensversicherung 46
Leistungsanspruch 36
Lernen 146
Literarisches Stipendium 100

Mini-Auszeit 18, 189
Mitwohnzentrale 110
Multitasking 30

Nachbesetzung 78
Nichtstun 159, 160, 161, 162

Partner 51, 52
Pausen 190, 193, 195
Pensionsalter 87
Pensionsversicherung 99
Philips Austria GmbH 104
Pilgerpass 127
Pilgerwege 126

Rahmen, rechtlich-organisatorischer 70
Reisen 109
Reisepartner 113

Sabbatical 13, 73
Sabbatical-Skepsis 74
Sabbaticalmodell 76, 80, 84
Sabbaticalregelung für Lehrer 28, 74
Sabbatjahr 13
Selbstkündigung 98
Selbstständigkeit 12
Selbstversicherung 96
Siemens AG 80
Stress 30
Stressrisiken 31
Studienabschluss 147
Studienabschluss-Stipendium 96, 97

Therme Laa – Hotel & Spa 107
Traum 20
Tätigkeit, ehrenamtliche 141

Übergang, sanfter 172
Überstunden 31

Umzug 118
Unterkunft 119
Unterricht, häuslicher 53
Urlaub 189, 190, 191, 192, 193
Urlaub, unbezahlter 95, 96
Urlaubszusammenlegung 83, 95

Versicherungsmöglichkeiten 98
Versicherungsvertrag 112
Veränderung 19, 21, 22, 23
Vision Quest 17, 18, 186
Vorgesetzter 25, 62, 69
Vorruhestandsmodelle 83

Weiterbildung 146
Weiterbildungsgeld 90
Wertewandel 175
Wohnung 110
Wohnungstausch 120
Work-Life-Balance 105

Zeit, Umgang mit – 162, 173
Zeitausgleich 95

FSC
www.fsc.org
MIX
Papier | Fördert
gute Waldnutzung
FSC® C083411

Zeitfracht Medien GmbH
Ferdinand-Jühlke-Straße 7
99095 Erfurt, Deutschland
produktsicherheit@kolibri360.de

Druck:
CPI Druckdienstleistungen GmbH
im Auftrag der
Zeitfracht Medien GmbH
Ein Unternehmen der Zeitfracht - Gruppe
Ferdinand-Jühlke-Str. 7
99095 Erfurt